ABAP-Programmierung unter SAP S/4HANA®

2., erweiterte Auflage

Rüdiger Deppe
Viktor Laufer

Willkommen bei Espresso Tutorials!

Unser Ziel ist es, SAP-Wissen wie einen Espresso zu servieren: Auf das Wesentliche verdichtete Informationen anstelle langatmiger Kompendien – für ein effektives Lernen an konkreten Fallbeispielen. Viele unserer Bücher enthalten zusätzlich Videos, mit denen Sie Schritt für Schritt die vermittelten Inhalte nachvollziehen können. Besuchen Sie unseren YouTube-Kanal mit einer umfangreichen Auswahl frei zugänglicher Videos:

https://www.youtube.com/user/EspressoTutorials.

Kennen Sie schon unser Forum? Hier erhalten Sie stets aktuelle Informationen zu Entwicklungen der SAP-Software, Hilfe zu Ihren Fragen und die Gelegenheit, mit anderen Anwendern zu diskutieren:

http://www.fico-forum.de.

Eine Auswahl weiterer Bücher von Espresso Tutorials:

- Sebastian Abshoff: **Mobile Apps mit den SAP® Cloud Platform Mobile Services**
  http://5345.espresso-tutorials.de
- Dr. Boris Rubarth: **Schnittstellenprogrammierung in SAP® ABAP**
  http://5361.espresso-tutorials.de
- Johannes Gerbershagen: **Qualitätsmanagement in der ABAP-Entwicklung unter SAP®**
  http://5393.espresso-tutorials.de
- Johannes Gerbershagen: **SAP®-Praxishandbuch ABAP Core Data Services (CDS)**
  http://5426.espresso-tutorials.de
- Tobias Steckenborn: **Schnelleinstieg in SAP® Cloud Platform Workflow**
  http://5427.espresso-tutorials.de
- Jörg Böke: **Schnelleinstieg in SQLScript für SAP HANA®**
  http://5519.espresso-tutorials.de

Bibliografische Information der Deutschen Nationalbibliothek
Die Deutsche Nationalbibliothek verzeichnet diese Publikation in der Deutschen Nationalbibliografie; detaillierte bibliografische Daten sind im Internet über https://portal.dnb.de abrufbar.

Rüdiger Deppe, Viktor Laufer
ABAP-Programmierung unter SAP S/4HANA® – 2., erweiterte Auflage

ISBN: 978-3-945-17057-1

Lektorat: Anja Achilles

Korrektorat: Christine Weber / Marina Pittsik

Coverdesign: Philip Esch

Coverfoto: © Just_Super | ID 1144908953 istockphoto.com

Satz & Layout: Tanja Jahns

2. Auflage 2021

URL: *www.espresso-tutorials.de*

Feedback:
Wir freuen uns über Fragen und Anmerkungen jeglicher Art. Bitte senden Sie diese an: *info@espresso-tutorials.com*.

Inhaltsverzeichnis

Vorwort **7**

1 SAP HANA – Einführung **11**

1.1 Grundbegriffe von SAP HANA 11
1.2 Neue Programmiersprachen 16
1.3 Eclipse als Entwicklungsplattform 17
1.3.1 Warum Eclipse? 18
1.3.2 Installation von Eclipse 19
1.3.3 Installation der ABAP Development Tools und des SAP HANA Studios für Eclipse 25
1.3.4 Beginn der Arbeit mit Eclipse 32
1.3.5 Ihr erstes Eclipse-Programm 42
1.3.6 SAP HANA Studio 47
1.3.7 Das SAP HANA Repository 63

2 Grundlagen der ABAP-Programmierung für SAP HANA **65**

2.1 Übertragung der ABAP-Programmierung vom Applikationsserver nach SAP HANA 65
2.2 ABAP Database Connectivity 67
2.3 Sekundäre Datenbankverbindungen 73
2.4 Natives SQL in SAP HANA Studio 74
2.4.1 Dynamisches Anlegen von Tabellen und Views 74
2.4.2 Die SELECT-Anweisung in SAP HANA 77
2.5 SQLScript 79
2.5.1 HANA-Datenbankprozeduren (gebräuchlich bis Release 7.4 SP4) 81
2.5.2 Benutzerdefinierte Funktionen (gebräuchlich bis Release 7.4 SP4) 96
2.6 Analytische Views (gebräuchlich bis Release 7.4 SP4) 97
2.6.1 Attribute View 98
2.6.2 Analytic Views 107
2.6.3 Calculation Views 119

2.6.4 Laufzeitobjekte der Views 128
2.7 Einbindung der Objekte aus SAP HANA Studio in ABAP-Programme 129
2.7.1 Aufrufen analytischer Views 129
2.7.2 Aufruf von HANA-Datenbankprozeduren 133
2.8 Transport der HANA-Objekte 142
2.9 ABAP-Erweiterungen seit Release 7.4 SP5 146
2.9.1 Grundlagen der Core Data Services (CDS) 147
2.9.2 ABAP CDS 147
2.9.3 HANA CDS 180
2.9.4 ABAP-Datenbankprozeduren 183

3 Fortgeschrittene Techniken 191
3.1 Unstrukturierte Daten und deren Textsuche 191
3.1.1 Grundlagen der Textsuche 191
3.1.2 Textsuche in Native SQL von SAP HANA 193
3.1.3 Textsuche in ABAP 214
3.2 Entscheidungstabellen in SAP HANA 216
3.2.1 Umgang mit den Entscheidungstabellen in SAP HANA 217
3.2.2 Aufruf der Entscheidungstabellen aus ABAP 225
3.3 Funktionsbibliotheken für SAP HANA 226

4 Zusammenfassung 229

A Die Autoren 231

B Index 233

C Disclaimer 236

Vorwort

Die Client-Server-Architektur der SAP startete 1993 mit dem Namen SAP R/3 und sorgte dafür, dass die SAP mit der angebotenen ERP-Software einen enormen Aufschwung erlebte. Erste Ansätze der HANA-Technologie kamen 2007 zur Anwendung. Die SAP-HANA-Datenbank fungierte zunächst als *Side-by-Side-Szenario* neben einer vorhandenen traditionellen Datenbank. SAP HANA bildete dabei die *Sekundärdatenbank*, die traditionelle war die *Primärdatenbank*. Schon bald konnte SAP HANA aber auch als alleiniges System zur Speicherung und Bereitstellung von Daten genutzt werden.

Im Februar 2015 setzte die SAP schließlich mit der als *S/4HANA* bezeichneten Technologie einen weiteren Meilenstein. Die Basis dieser neuen Technologie bilden die leistungsfähige In-Memory-Plattform SAP HANA und die moderne Benutzeroberfläche SAP Fiori. Datenmodelle und Benutzerführung wurden radikal vereinfacht. Zudem existieren nun Cloud-Lösungen, die mit einem zentralen Host-System verbunden sind.

Als *In-Memory-Verarbeitung* bezeichnet man die Tatsache, dass die Datenbank jetzt nicht mehr auf einem eigenen Datenbankserver abgelegt ist, sondern sich gemeinsam mit den Programmdaten im Hauptspeicher des Applikationsservers befindet. Programm und Datenbank verschmelzen miteinander; Rechenvorgänge, die vorher mehrere Stunden Laufzeit benötigten, werden jetzt innerhalb weniger Minuten bis Sekunden durchgeführt.

Was bedeutet das für Sie als Entwickler? Wie müssen Sie Ihre gewohnte Vorgehensweise umstellen? Diese Fragen werden mit diesem Buch beantwortet.

Für den ABAP-Entwickler wurde 2012 das HANA-optimierte SAP-Release 7.4 herausgebracht, welches umfassende Änderungen in der ABAP-Programmiersprache mit sich brachte. Ende des Jahres 2015 wurden SAP NetWeaver 7.5 sowie ABAP 7.50 mit noch einmal deutlich verbesserter SAP-HANA-Unterstützung veröffentlicht. Der Leser dieses Buches findet viele Übungsprogramme, mithilfe derer er seine hier gelernte Theorie gleich in die Praxis umsetzen kann. Für die Beispielprogramme dieses Buches ist mindestens die ABAP-Version 7.40 erforderlich.

Während Sie bisher Datenbankprozeduren mithilfe von Open SQL programmiert haben, werden Sie sehen, dass Native SQL in HANA zu erheblichen Performancegewinnen führt. Mit dem ABAP-Release 7.53 wurde Open SQL umbenannt in *ABAP SQL*. Wundern Sie sich daher nicht, wenn in älteren Quellen von Open SQL und in neueren von ABAP SQL die Rede ist. Da ABAP SQL von der Datenbankschnittstelle erst aufwendig in Native SQL umgewandelt werden muss, ist es besser für die Performance, wenn Sie Ihr Coding direkt in Native SQL schreiben. Sie werden auch SQLScript kennen- und einsetzen lernen.

Bei den Beispielselektionen wird Ihnen immer wieder auffallen, dass die Namen der Datenbanktabellen mit dem Zusatz »SAPDEA« ergänzt wurden. Hierbei handelt es sich um ein sogenanntes Datenbankschema, welches Ihnen in Verbindung mit der Eclipse-Plattform im ersten Kapitel näher beschrieben wird. Wenn Sie die Selektionsbeispiele auf Ihrem eigenen Rechner nachvollziehen möchten, müssen Sie den Namen dieses *Datenbankschemas* gegen den Ihres eigenen Datenbankschemas austauschen.

In den Releases ABAP 7.40 sowie 7.50 hat sich die ABAP-Sprache sehr verändert. Zahlreiche Anweisungen, die Sie seit vielen Jahren gewohnt sind, wurden in Funktionen umgewandelt. Um Ihnen den Umstieg zu erleichtern, werden wir am Anfang des Buches jedes Listing in zwei Varianten schreiben: im neuen sowie im alten ABAP.

☛ Neue ABAP-Techniken

Detaillierte Informationen über alle Release-Neuerungen erhalten Sie im SAP-System unter der Transaktion ABAPDOCU. Wählen Sie dort den Link ABAP – RELEASEABHÄNGIGE ÄNDERUNGEN.

In Kapitel 1 stellen wir Ihnen die neue HANA-Datenbank vor. Außerdem führen wir Sie in die Handhabung der Entwicklungsplattform Eclipse ein, die für die Entwicklung von HANA-Objekten unentbehrlich ist. In Kapitel 2 zeigen wir Ihnen die Verwaltung der HANA-Objekte und tellen Ihnen die für HANA wichtigen Sprachen Native SQL und SQLScript vor.

Außerdem werden Sie die Formen der optimierten Datenbankzugriffe unter HANA sowie alternatives Programmieren in reinem ABAP kennenlernen. In Kapitel 3 erläutern wir exemplarisch die Textsuche und den Einsatz von Entscheidungstabellen als zwei der neuen Funktionsweisen unter der HANA-Datenbank.

In dieser aktualisierten Fassung wurden neue Funktionen und Optionen ergänzt. Die Beispiele wurden angepasst sowie mit neuen Inhalten und Screenshots versehen, damit sich der Leser schneller in die Programmierung einlesen und diese leicht nachvollziehen kann.

Beispielszenario für dieses Buch

In diesem Buch wird das Beispielszenario »Flugdatenmodell« verwendet, das auch in SAP-Schulungen und zahlreichen ABAP-Büchern zum Einsatz kommt. Von Vorteil ist, dass die Beispieldaten des Flugdatenmodells in den Tabellen im SAP-System verfügbar sind bzw. mit dem SAP-Standardprogramm SAPBC_ DATA_GENERATOR generiert werden können. Im Wesentlichen handelt es sich um folgende Tabellen, die über den Primärschlüssel verknüpft werden können:

- SCARR (Fluggesellschaft)
- SPFLI (Flugplan)
- SCUSTOM (Flugkunden)
- SBOOK (Flugbuchungen)
- SFLIGHT (Flug)

Sie können alle Quellcodes aus diesem Buch unter folgender Adresse herunterladen: *http://abap.espresso-tutorials.de*

Danksagung

Rüdiger Deppe: Ich bedanke mich beim Team von Espresso Tutorials für die Unterstützung bei der Erstellung dieses Buches, v. a. bei Anja Achilles, Johann-Christian Hanke und Martin Munzel. Außerdem danke ich meiner Frau Ivon für den administrativen Beistand.

Viktor Laufer: Auch ich möchte mich für die gute Zusammenarbeit bei der Aktualisierung dieses Buches bedanken, v. a. bei Anja Achilles. Mein besonderer Dank gilt meiner Frau Nadja für die Möglichkeit und meinen Kindern für die Geduld, an diesem Buch mitarbeiten zu können.

In den Text sind Kästen eingefügt, um wichtige Informationen besonders hervorzuheben. Jeder Kasten ist zusätzlich mit einem Piktogramm versehen, das diesen genauer klassifiziert:

Hinweis

Hinweise bieten praktische Tipps zum Umgang mit dem jeweiligen Thema.

Beispiel

Beispiele dienen dazu, ein Thema besser zu illustrieren.

! Achtung

Warnungen weisen auf mögliche Fehlerquellen oder Stolpersteine im Zusammenhang mit einem Thema hin.

Die Form der Anrede

Um den Lesefluss nicht zu beeinträchtigen, verwenden wir im vorliegenden Buch bei personenbezogenen Substantiven und Pronomen zwar nur die gewohnte männliche Sprachform, meinen aber gleichermaßen Personen weiblichen und diversen Geschlechts.

Hinweis zum Urheberrecht

1 SAP HANA – Einführung

In diesem Kapitel führen wir Sie in die Begriffswelt der HANA-Datenbank ein. So können Sie beim Thema SAP HANA gut mitreden. Außerdem erhalten Sie einen ersten Einblick in die Entwicklungsplattform Eclipse.

1.1 Grundbegriffe von SAP HANA

SAP HANA ist eine *In-Memory Database*. Sie befindet sich im Hauptspeicher des Applikationsservers. Während früher die Programme getrennt von den Datenbanken gelagert wurden, können jetzt Datenbankprozeduren direkt in der SAP-HANA-Datenbank gespeichert werden. Mit ihr werden gleichzeitig viele neue Tools ausgeliefert, die vom ABAP-Entwickler für die Bearbeitung in dieser Umgebung genutzt werden können.

Begriff: SAP HANA

HANA ist die Abkürzung von *High Performance Analytical Appliance*. Gemäß dem Namen diente sie in ihren Anfängen für die Echtzeitverarbeitung analytischer Szenarien wie BW (Business Warehouse). Im Laufe der Zeit wurde sie aber zunehmend auch für normale transaktionale Szenarien eingerichtet.

Die HANA-Datenspeicherung kann sowohl zeilen- oder spaltenbasiert als auch objektorientiert erfolgen. Damit ist sie besonders für Zugriffe aus ABAP Objects ausgelegt. Ein großes Plus ist die hervorragende *Parallelverarbeitungsmöglichkeit*. Programme können ihre Verarbeitungsprozesse auf mehrere gleichzeitig ablaufende Datenpakete verteilen.

SAP hat die Eclipse-Plattform, die heutzutage von vielen Programmiersprachen als Entwicklungsumgebung verwendet wird, insbesondere für die neuartige Entwicklung in ABAP und SAP HANA angepasst:
Ein besonderes Element der HANA-Plattform ist *HANA XS* (HANA Extended Application Services), das die Entwicklung von Anwendungen direkt auf der HANA-Plattform ohne externe Entwicklungsumgebung anbietet. Die hiermit entwickelten Objekte erzeugen Objekte im Datenbankkatalog und werden im *HANA Repository* abgelegt. Die zu diesem Zweck verwendete Beschreibungssprache ist *Core Data Services* (CDS), deren Dateien im HANA Repository mit der Endung .hdbdd gespeichert werden.

Details zur SAP-Hana-Datenbank

Ausführliche Informationen zur SAP-HANA-Datenbank und ihren weiteren Komponenten, etwa für Datenmigrationen, finden Sie unter *http://help.sap.com/hana*. Wir beschränken uns in diesem Buch auf die Aspekte, die für eine gewöhnliche ABAP-Entwicklung notwendig sind.

Während Datenbanken bisher zeilenorientiert waren (*Row Store*), soll die HANA-Datenbank v. a. spaltenorientiert (*Column Store*) verwendet werden. Eine zeilenorientierte Datenbank hängt alle Datenwerte in einer Zeile aneinander, dann folgt die nächste Zeile usw. Eine spaltenorientierte Datenbank geht stattdessen Spalte für Spalte vor: Das bietet Vorteile für Anwendungen, bei denen Aggregate über eine große Anzahl ähnlicher Elemente gebildet werden.

Wenn einzelne Spalten vieler Datensätze einer zeilenorientierten Ablage gelesen werden, ist der Zeitaufwand wesentlich höher, als wenn in einer spaltenorientierten Variante sämtliche Datensätze als Spalten zur Verfügung stehen, da dort alle gewünschten Daten unmittelbar ausgelesen werden können.

In Tabelle 1.1 sind Beispieldaten dargestellt, um Ihnen den Unterschied zwischen einer zeilen- und einer spaltenorientierten Datenspeicherung zu verdeutlichen.

Fluggesellschaft	Verbindungs-Nr.	Flugpreis	Währung
AA	17	425	USD
AZ	555	187	EUR
LH	400	668	EUR
UA	941	882	USD

Tabelle 1.1: Beispieldaten für zeilenorientierte vs. spaltenorientierte Datenspeicherung

Unterschied zeilenorientertes und spaltenorientiertes Lesen

Für unser Beispiel, das sich der Daten aus Tabelle 1.1 bedient, sollen zu jeder Fluggesellschaft die Flugpreise selektiert werden.

Bei einer **zeilenorientierten Ablage** sind die Daten wie folgt abgelegt:

AA,17,425,USD;AZ,555,187,EUR;LH,400,668,EUR;UA,941,882,USD

Zuerst wird Zeile 1 Spalte 1 (Wert »AA«), dann Zeile 1 Spalte 3 (Wert »425«), Zeile 2 Spalte 1 (Wert »AZ«), Zeile 2 Spalte 3 (Wert »187«) usw. gelesen.

Bei einer **spaltenorientierten Ablage** sind dieselben Daten wie folgt abgelegt:

AA,AZ,LZ,UA;17,555,400,941;425,187,668,882;USD,EUR,EUR,USD

Bei dieser Ablageform wird erst Spalte 1 (»Fluggesellschaft«) in einem Zug gelesen, dann in gleicher Weise Spalte 3 (»Flugpreis«).

Für die Verarbeitung von Geschäftsdaten oder großer Datenmengen empfiehlt sich daher i. d. R. die spaltenorientierte Verarbeitung. Column Store sollte hierfür also die Regel sein. Nur bei kleinen Tabellen mit wenigen Datensätzen, oder wenn überwiegend auf einen einzelnen Datensatz zugegriffen wird (SELECT SINGLE), sollten Sie die zeilenorientierte Variante verwenden.

Da sich die Daten bei der HANA-Datenbank im Hauptspeicher befinden, entfällt die bisher übliche lange Zugriffszeit auf den Datenbankinhalt. Bei der HANA-Datenbank entscheidet über die Dauer der Zugriffszeit, welche der drei unterschiedlichen CPU-Caches des Rechners mit den Daten befüllt werden.

Die Daten der HANA-Datenbank können zudem sowohl im Hauptspeicher als auch auf der HANA-Datenbank im Column Store komprimiert werden, was sich sehr laufzeitoptimierend auswirkt. Dabei wird jeder Wert eines Datensatzes als einmaliger Integer-Wert in einem sogenannten *Dictionary-Vektor* abgelegt.

Datenkomprimierung

Für Datensätze der Fluggesellschaften LH, AA und AF gibt es einen Dictionary-Vektor mit den Datensätzen LH = 1, AA = 2 und AF = 3. Die Nummerierung folgt der Position der Datensätze. In den eigentlichen Datensätzen der Datenbank werden aber nur die Werte 1, 2 und 3 gespeichert.

Wenn LH im 5., AA im 8. und AF im 9. Datensatz der Tabelle stehen, wird auf der Datenbank die Kombination 5/1, 8/2 und 9/3 abgespeichert, was als *Attributvektor* bezeichnet wird. Dabei belegen die Werte 5, 8 und 9 keinen Speicherplatz, sondern ergeben sich daraus, dass die 1 im 5., die 2 im 8. und die 3 im 9. Datensatz stehen.

Der entscheidende Vorteil dieser Technik ist: Die Verarbeitung von Ganzzahlen erfolgt wesentlich schneller als die von Zeichenketten.

Die auf diese Weise komprimierten Daten lassen sich erneut verdichten. Die einzelnen Zeichen der Zeichenketten des Dictionary-Vektors werden mithilfe einer *Delta-Komprimierung* verkleinert. Dazu werden Blöcke von z. B. zwanzig Zeichen gebildet, wobei jedes einzelne Zeichen nur einmal in einem Delta-String und dieser wiederum im Block über eine Referenz gespeichert wird. Auch für den Attributvektor werden noch verschiedene Komprimierungsverfahren angewendet.

Die HANA-Datenbank eignet sich zudem sehr gut für eine *Partitionierung* (Einteilung der Datenbank in mehrere abgeschlossene Bereiche). Die Suche innerhalb einer Partition verläuft wesentlich schneller, als wenn die ganze Datenbank durchsucht werden muss. Auch lassen sich mehrere Partitionen parallel verarbeiten. Ein weiterer Faktor zur Beschleunigung der Datenbankzugriffe ist die zeilenweise Partitionierung von Tabellen. In der HANA-Datenbank gibt es eine Begrenzung auf zwei Milliarden Zeilen pro Datenbank oder pro Partition.

Die HANA-Datenbankarchitektur umfasst mehrere Serverbestandteile. Der für Entwicklungen wichtige Bestandteil ist der *Indexserver*. Er verfügt über einen SQL-Prozessor, der die SQL-Befehle ausführt oder an Unterkomponenten weiterleitet. *Stored Procedures* sind Datenbankprozeduren, die als komplexe SQL-Anweisungen direkt in der Engine des Indexservers gespeichert werden und so ohne Umwege über Programmableitungen der Datenbank zur Verfügung stehen. Auch umfangreiche Analyseszenarien werden in der Engine gespeichert. Diese Verlagerung von Coding aus den Anwendungsprogrammen in die Datenbankschicht bezeichnen wir als *Code Pushdown*.

Herkömmliche ABAP-Anwendungen arbeiten nach dem sogenannten *Data-to-Code-Paradigma*: Die Daten müssen aufwendig von der Datenbank in das Programm übertragen werden. SAP-HANA-optimierte Programme benutzen das *Code-to-Data-Paradigma*. Das bedeutet, dass Teile des Codings (Kalkulationslogik) jetzt in der Datenbankschicht liegen, während der übrige Teil (Orchestrierungslogik) in der Applikationsschicht verbleibt:

- Die *Kalkulationslogik* umfasst Verarbeitungen, die Berechnungen mit den Anwendungsdaten durchführen. Je komplexer Kalkulationen sind, desto besser sind sie in der Datenbankschicht aufgehoben.
- Die *Orchestrierungslogik* steuert Geschäftsprozesse, kontrolliert den Datenfluss und legt fest, wie Kalkulationsergebnisse kombiniert und weiterverarbeitet werden.

Acceleratoren sorgen in Side-by-Side-Szenarien dafür, dass die Programme der SAP Business Suite beschleunigt werden. Auch bestehende kundeneigene ABAP-Programme können ohne Veränderungen des

Codings mithilfe des *SAP Business Application Accelerators* zur HANA-Bearbeitung beschleunigt werden.

Während die bisherige SAP Business Suite sowohl mit einer HANA- als auch mit einer traditionellen Datenbank betrieben werden kann, ist die SAP Business Suite ab S/4HANA nur noch mit der HANA-Datenbank einsetzbar.

1.2 Neue Programmiersprachen

Wenn Sie als ABAP-Entwickler bisher ABAP SQL als Datenbankabfrage genutzt und so datenbankunabhängig programmiert haben, sollten Sie in Zukunft vermehrt von Native SQL und SQLScript Gebrauch machen, um die HANA-Möglichkeiten voll auszunutzen. Dieses bedeutet aber auch, dass Sie nicht mehr datenbankunabhängig programmieren können. Sie benötigen Informationen über Ihre HANA-Datenbank, die Sie in datenbankabhängigen Anwendungscode einfließen lassen.

Bei der Optimierung von HANA-Programmen durch Native SQL und SQLScript sollten Sie sich immer fragen, ob die Programme auch auf anderen Datenbanksystemen eingesetzt werden sollen, was häufig der Fall ist. Dann müssen Sie die Vor- und Nachteile einer Optimierung abwägen. Der Hauptvorteil besteht in einem erheblichen Performancegewinn, ein wesentlicher Nachteil ist die *datenbankabhängige Programmierung*. Diese können Sie durch eine Fallunterscheidung im Programm erreichen (IF ... ENDIF).

```
IF cl_db_sys=>dbsys_type = 'HDB'.
* Aufruf der HANA-Objekte
ELSE.
* Verarbeitung der traditionellen DDIC-Objekte
ENDIF.
```

Bei der Programmierung sollten Sie immer die Laufzeitanalyse eines Programms im Blick behalten. Das ist für eine HANA-Datenbank noch wichtiger als für eine traditionelle. Sonst kann es passieren, dass Programme unter SAP HANA deutlich langsamer laufen als mit herkömmlichen Datenbanken.

1.3 Eclipse als Entwicklungsplattform

Bisher haben Sie als Entwickler mit Ihrer ABAP-Workbench (SAP-Transaktion *SE80*) gearbeitet. Jetzt hat sich die SAP mit der Einführung von HANA auch der Entwicklungsplattform Eclipse angeschlossen, mit deren Hilfe sich schon viele andere Entwicklungssprachen wie Java oder C++ programmieren lassen.

Eclipse wurde ursprünglich von IBM entwickelt, mittlerweile wird es von der Eclipse Foundation als kostenlose Open-Source-Software verwaltet und weiterentwickelt. Für die ABAP-Programmiersprache entstanden die *ABAP Development Tools for SAP Netweaver* sowie für die HANA-Entwicklung und -Administration *SAP HANA Studio* – jeweils als Add-on zur Eclipse-Plattform. Eclipse gilt für SAP als strategische Basis für neue Entwicklungskonzepte.

Das aktuelle Release für die Eclipse-Plattform ist *2021-03 Version 4.19* (Stand April 2021). Die SAP bietet immer wieder neue Releases für ihre Eclipse-basierten Entwicklungswerkzeuge als *SAP Release Train for Eclipse*.

Die SAP stellt eine Internetseite (*https://tools.hana.ondemand.com*) zur Verfügung, über die SAP-Entwicklungswerkzeuge auf der Eclipse-Plattform aktualisiert werden können.

☛ Technische Grundlage

Voraussetzung für den Betrieb von ABAP-Programmierung mithilfe der Eclipse-Plattform ist der SAP NetWeaver Application Server (AS) ABAP 7.4. In diesem Buch arbeiten wir mit dem SAP S/4HANA 1809 (SAP Basis 753) sowie den ABAP Development Tools (ADT) 3.16.5 und SAP HANA Database 2.0 (Support Package Stack 5).

1.3.1 Warum Eclipse?

Der große Vorteil von Eclipse liegt darin, dass diese Entwicklungsumgebung mithilfe von sogenannten Plug-ins beliebig um zusätzliche Funktionalitäten erweitert werden kann.

Die SAP hat eigene Plug-ins entwickelt, um Eclipse an ihre Bedürfnisse anzupassen. Jetzt fragen Sie sich vermutlich: Ich kann doch gut mit der SAP-Transaktion *SE80* arbeiten – warum soll ich auf Eclipse umstellen?

Sie haben in Eclipse die Möglichkeit, mithilfe des Kontextmenüs in die bekannte SAP GUI umzuschalten, sodass Sie auch weiterhin Ihre gewohnten Bearbeitungstätigkeiten ausüben können. Aber Eclipse bietet noch sehr viel mehr, etwa die Möglichkeit, Business-Warehouse-, SAP-UI5- oder SAP-HANA-Entwicklungen parallel zu bearbeiten. Alles ist in eine einzige *IDE* (Entwicklungsplattform) integriert.

Mithilfe von SAP HANA Studio für Eclipse ist zudem eine Programmierung direkt auf der Datenbankebene des HANA-Systems möglich (siehe Abbildung 1.1), was mit der Transaktion *SE80* nicht umsetzbar ist. Diese HANA-Bestandteile werden in SQLScript geschrieben, was ebenso wenig mit dem *Object Navigator (SE80)* realisierbar ist.

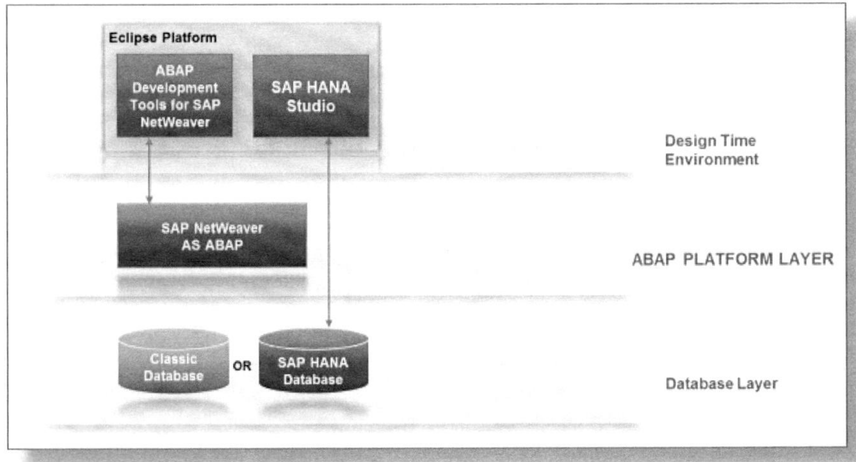

Abbildung 1.1: Entwicklungsebenen mit SAP HANA

1.3.2 Installation von Eclipse

Die Eclipse-Installation ist für Windows, Apple Mac OS X und Linux verfügbar. Einzige Voraussetzung für Eclipse ist *JAVA Runtime Environment* (JRE, JAVA 11 oder höher). Die neue Eclipse-Version 2021-03 benötigt außerdem JAVA in der 64-Bit-Version, 32-Bit werden nicht mehr unterstützt.

Eclipse-Version

Mittlerweile erscheint zum Ende jedes Quartals eine neue Eclipse-Version auf dem Markt. Die folgende Installationsbeschreibung bezieht sich auf die aktuelle Eclipse-Version »4.19« (2021-03).

Wenn in Ihrem System alle Voraussetzungen erfüllt sind, können Sie die Installation über den *Eclipse Installer* starten:

1. Gehen Sie im Internet auf die Seite *www.eclipse.org/downloads/packages/installer*.
2. Wählen Sie unter DOWNLOAD Ihr Betriebssystem (siehe Abbildung 1.2). Klicken Sie auf den Link WINDOWS x86_64, für das wir die nächsten Schritte zeigen.

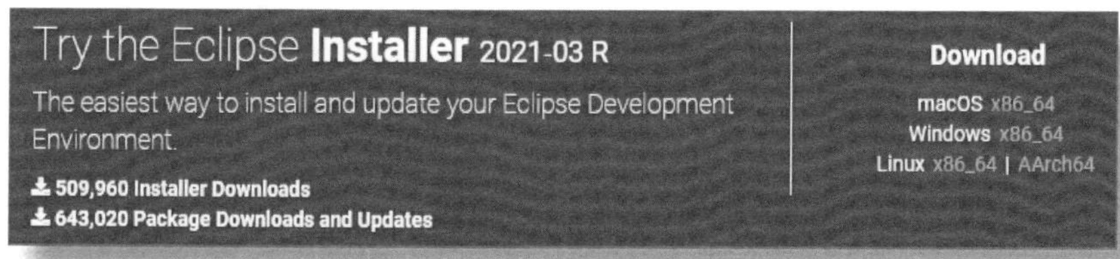

Abbildung 1.2: Eclipse Installer – Auswahl des Betriebssystems

3. Laden Sie die Installation von dem vorgeschlagenen Host durch Klick auf den DOWNLOAD-Button (siehe Abbildung 1.3). Alternativ können Sie einen anderen Mirror durch Klick auf SELECT ANOTHER MIRROR auswählen.

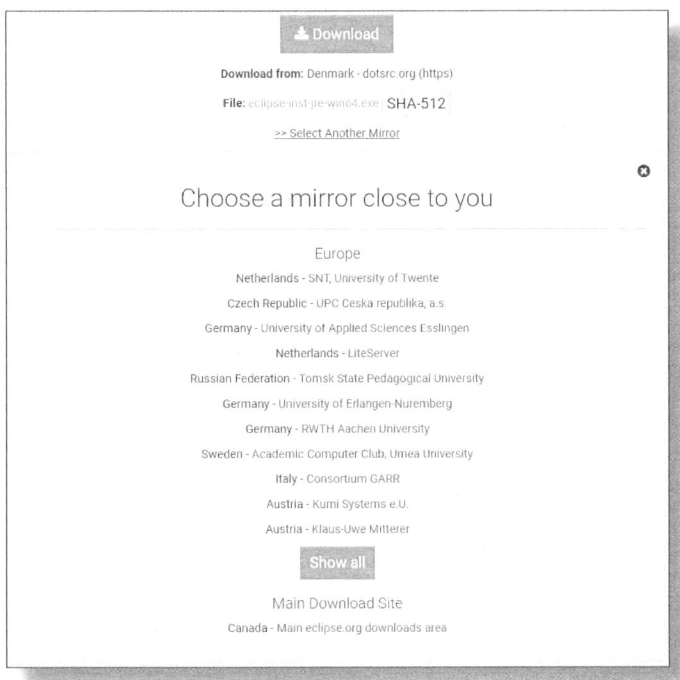

Abbildung 1.3: Eclipse Installer – Auswahl eines Hosts

4. Speichern Sie und führen Sie die Datei aus.

Konfigurieren des Netzwerk-Proxys

Es kann sein, dass zu Beginn der Installation der Prozess stoppt und Sie aufgefordert werden, einen Netzwerk-Proxy zu konfigurieren. Drücken Sie dazu auf den Button CONFIGURE NETWORK PROXY und gehen Sie wie folgt vor:

- Gehen Sie im Auswahlfeld ACTIVE PROVIDER auf *Manual*.

- Markieren Sie in der Liste die Zeile *HTTP* und drücken Sie den Button EDIT.
- Geben Sie im daraufhin erscheinenden Pop-up Ihren HOST und Ihre PORTNUMMER ein.
- Setzen Sie im Pop-up bei REQUIRES AUTHENTIFICATIONS das Häkchen und geben Sie USER und PASSWORT ein.
- Bestätigen Sie mit OK.
- Wiederholen Sie alle Schritte für die Zeile *HTTPS*.
- Bestätigen Sie Ihre vorgenommenen Änderungen mit OK.

5. Wählen Sie das Paket ECLIPSE IDE FOR JAVA DEVELOPERS (siehe Abbildung 1.4).

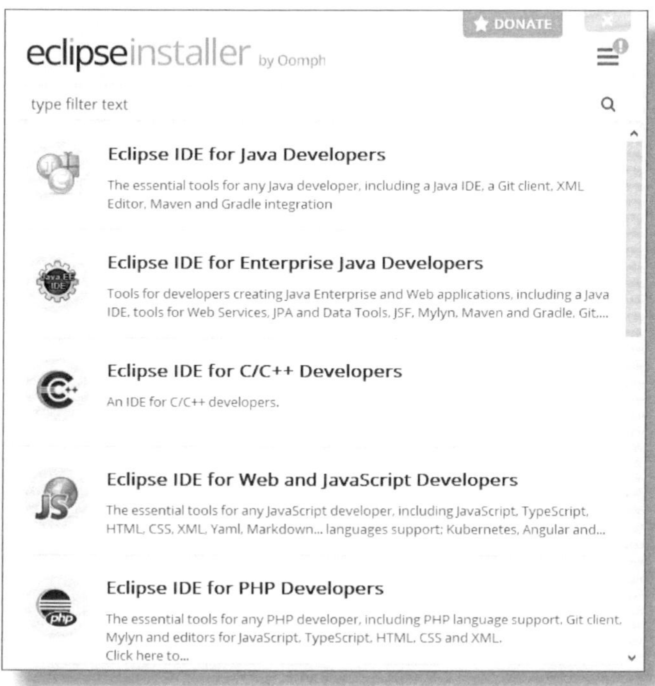

Abbildung 1.4: Eclipse Installer – Auswahl des Pakets

6. Drücken Sie den Button INSTALL (siehe Abbildung 1.5).

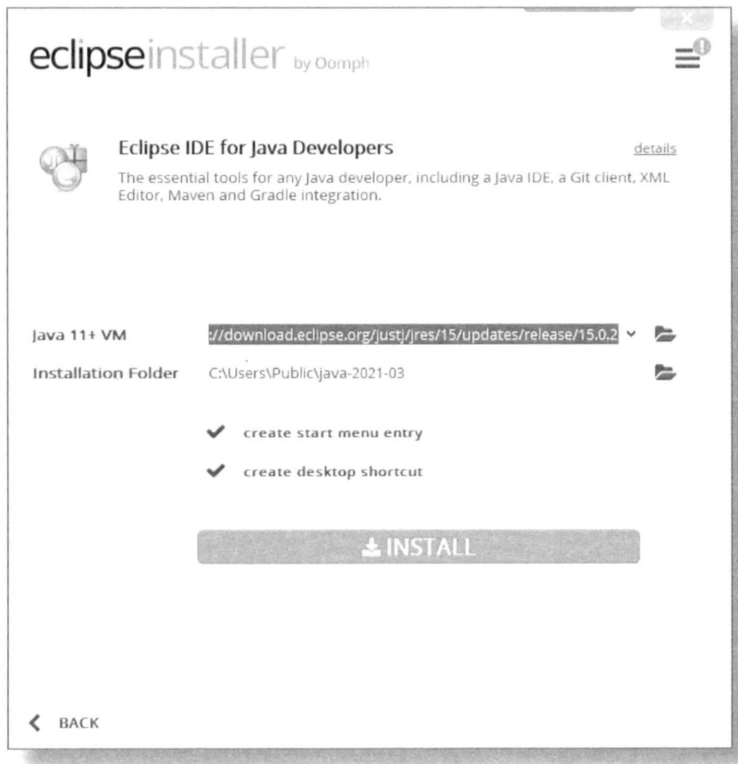

Abbildung 1.5: Eclipse Installer – Installieren des Pakets

7. Akzeptieren Sie die Lizenzvereinbarung mit Klick auf ACCEPT NOW (Abbildung 1.6).

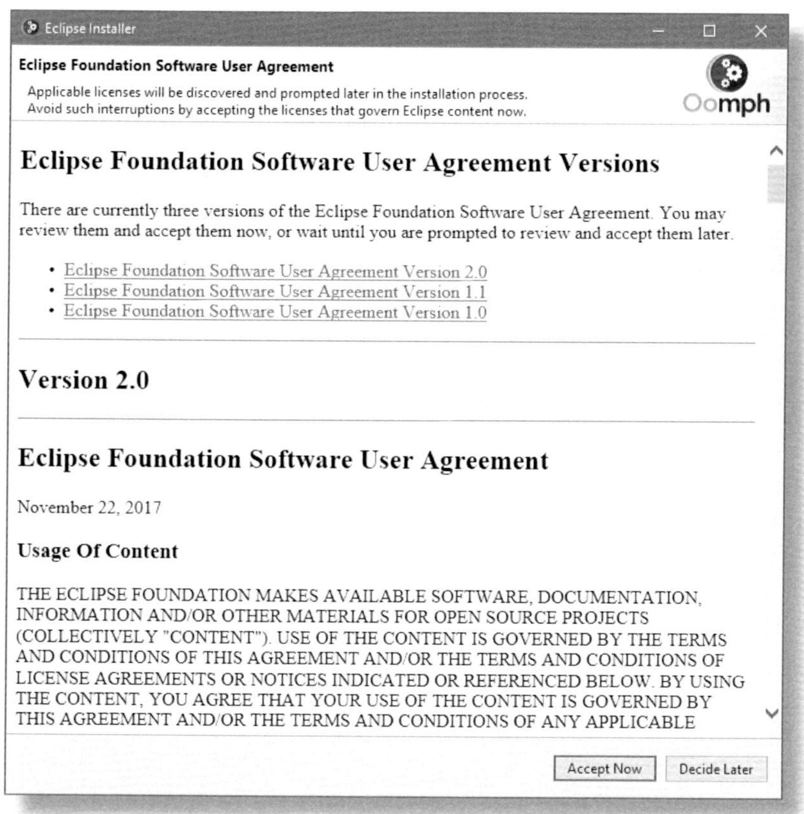

Abbildung 1.6: Eclipse Installer – Lizenzvereinbarung

8. Drücken Sie den Button LAUNCH (siehe Abbildung 1.7) zum Starten der Eclipse-Anwendung.

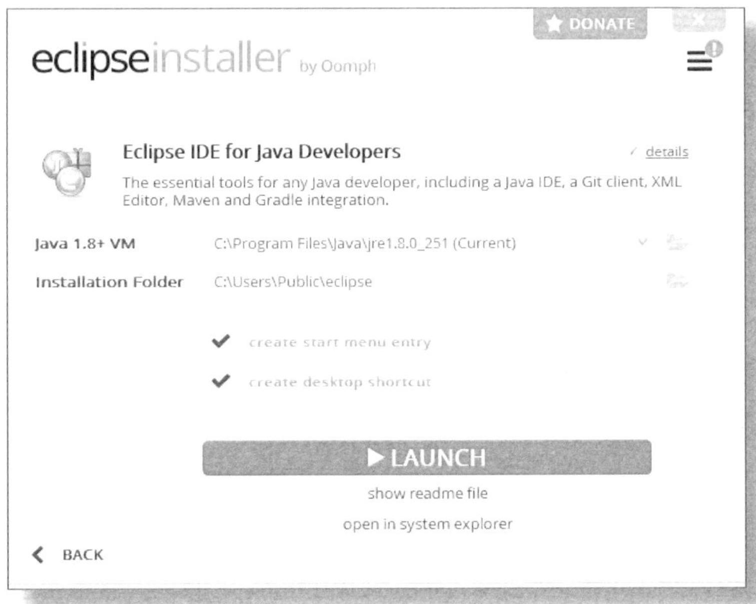

Abbildung 1.7: Eclipse Installer – Launch/Programmstart

9. Im nächsten Screen (Abbildung 1.8) setzen Sie ein Häkchen bei USE THIS AS THE DEFAULT AND DO NOT ASK AGAIN und drücken LAUNCH.

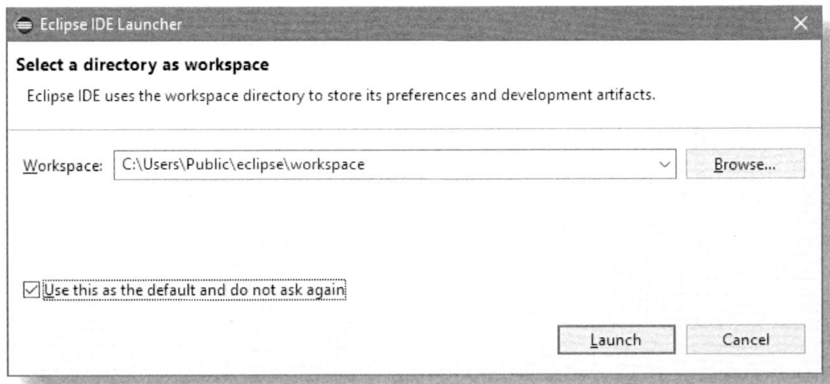

Abbildung 1.8: Eclipse Installer – Workspace

10. Daraufhin öffnet sich der Einstiegsbildschirm der Eclipse-Plattform (siehe Abbildung 1.9).

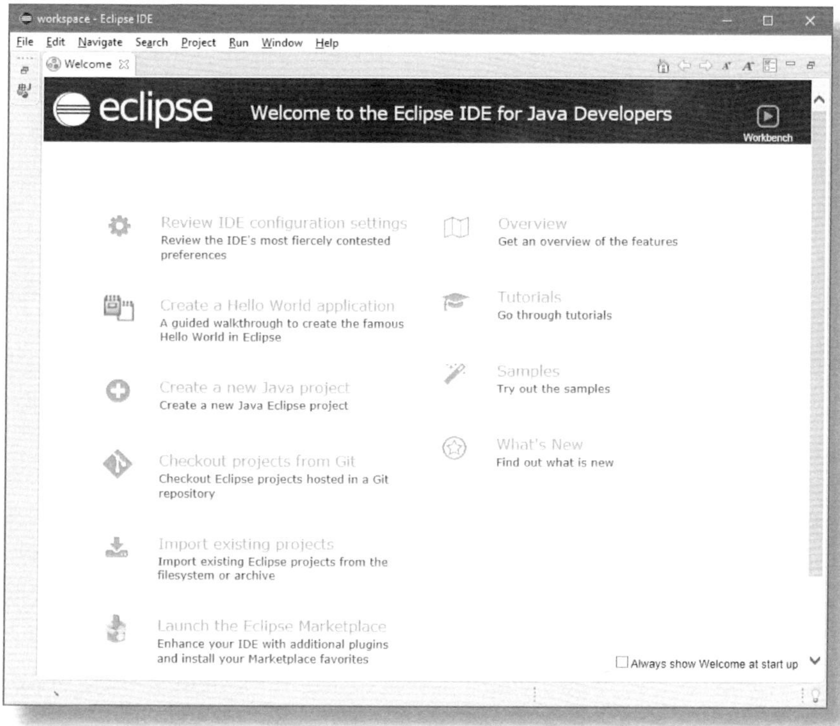

Abbildung 1.9: Eclipse Installer – Willkommensbildschirm

1.3.3 Installation der ABAP Development Tools und des SAP HANA Studios für Eclipse

In diesem Abschnitt demonstrieren wir Ihnen die Installation der ABAP Development Tools (ADT) sowie von SAP HANA Studio.

Zunächst finden Sie eine Auflistung aller Voraussetzungen für eine Installation der *ABAP Development Tools (ADT)*. Für die aktuelle Version können diese auch auf der Internetseite zu den generellen SAP Development Tools (*https://tools.hana.ondemand.com/#abap*) eingesehen werden:

1. **Eclipse:**
   - Eclipse Platform 2021-03 (4.19)
2. **Betriebssystem:**
   - Windows 10 bzw.
   - Apple Mac OS X 10.14 oder höher
3. **Java-Version:**
   - JRE-Version 11 (oder höher) in 64-Bit
4. **SAP GUI:**
   - für Windows: SAP GUI für Windows 7.60 oder höher
   - für Apple Max OS: SAP GUI für Java 7.50 oder höher
5. **Microsoft Visual Studio C++ 2013 (x64)** bei Windows-Betriebssystem.

Folgen Sie den genannten Schritten, um die ABAP Development Tools zu installieren.

1. Starten Sie Ihr Eclipse-Programm.
2. Wählen Sie im Menü HELP • INSTALL NEW SOFTWARE, wie Sie in Abbildung 1.10 sehen können.

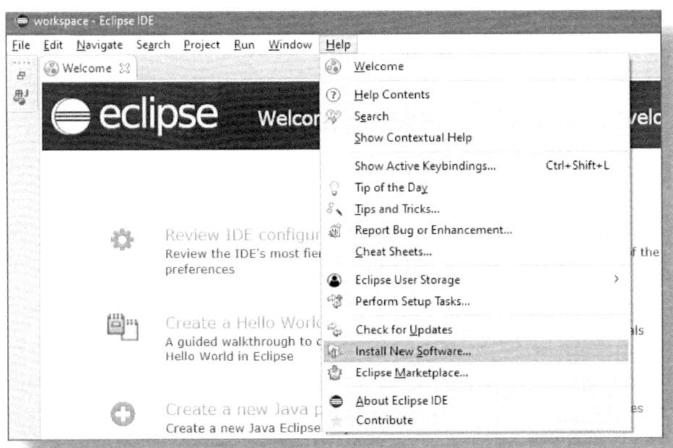

Abbildung 1.10: Eclipse-Menü – Neue Software installieren

3. Drücken Sie im nächsten Bild den Button ADD (Abbildung 1.11).

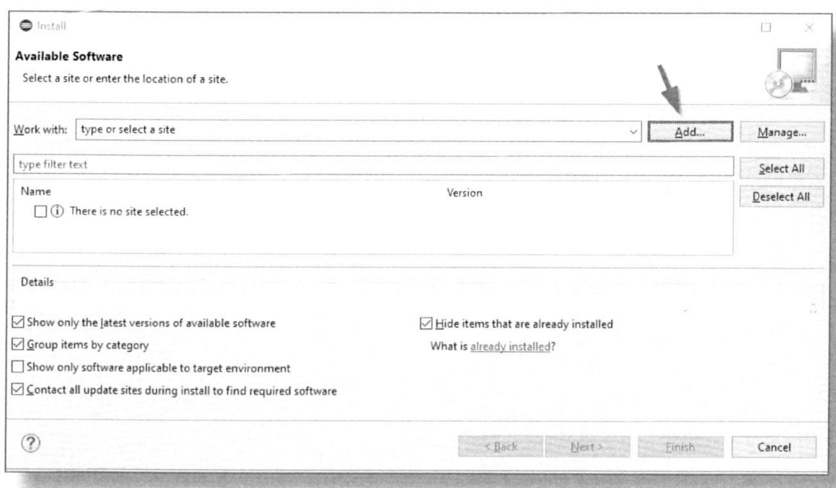

Abbildung 1.11: Eclipse – verfügbare Softwarewebseiten

4. Im aufkommenden Pop-up geben Sie als NAMEN *SAP Development Tools* ein und als LOCATION *http://tools.hana.ondemand.com/latest*. Drücken Sie anschließend den Button ADD (siehe Abbildung 1.12).

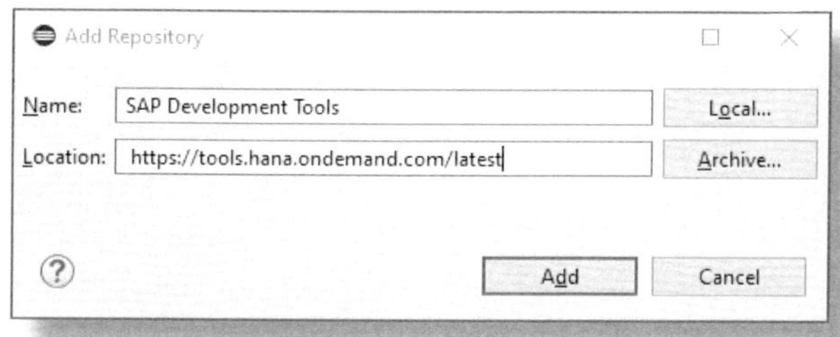

Abbildung 1.12: Eclipse – Auswahl einer neuen Webseite

☛ Aktuelle SAP HANA Tools beziehen

In der aktuellsten Version über die Location *http://tools.hana.ondemand.com/latest* kann es vorkommen, dass die SAP HANA Tools noch nicht verfügbar sind. Ist dies der Fall, verwenden Sie die Location zu einer vorherigen Version, beispielsweise *https://tools.hana.ondemand.com/2020-12*.

5. Wählen Sie die zu installierenden Softwaretools ABAP DEVELOPMENT TOOLS und SAP HANA TOOLS (gemäß Abbildung 1.13) und klicken Sie auf NEXT.

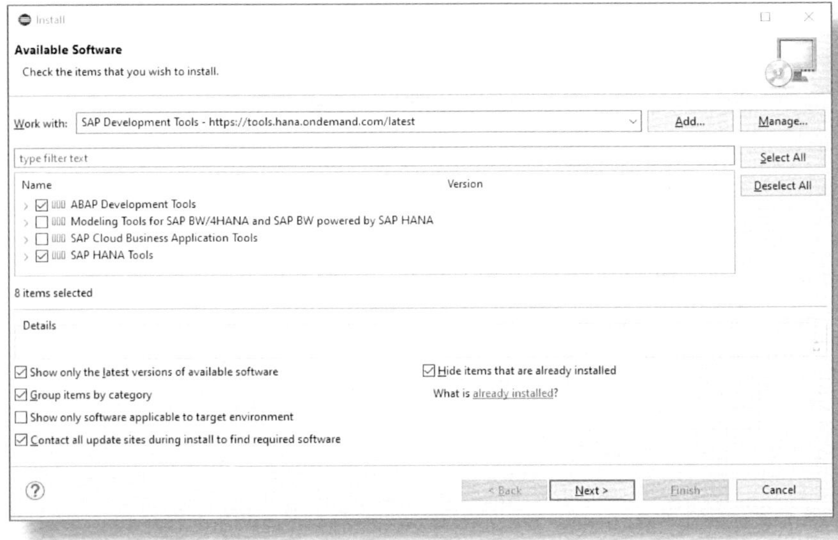

Abbildung 1.13: Eclipse – Auswahl der neuen Softwaretools

6. Das nächste Bild zeigt Ihnen die Installationsdetails (Abbildung 1.14). Drücken Sie erneut auf NEXT.

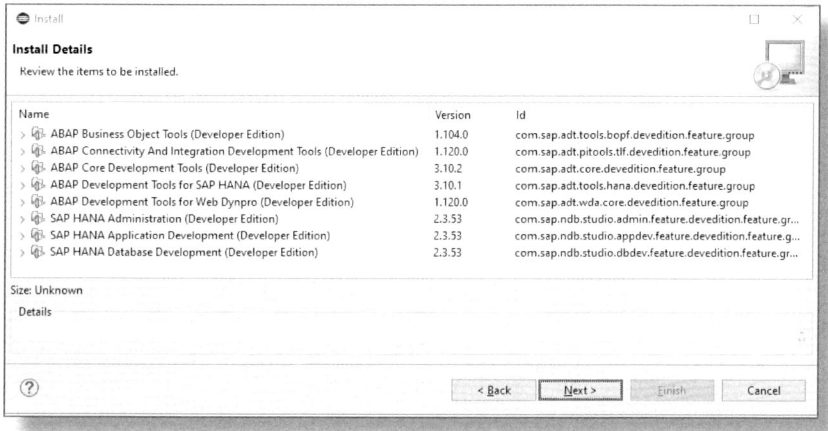

Abbildung 1.14: Eclipse – Installationsdetails

7. Wieder gilt es, die Lizenzvereinbarung anzuerkennen, indem Sie I ACCEPT THE TERMS OF THE LICENSE AGREEMENTS wählen und den Button FINISH drücken (Abbildung 1.15).

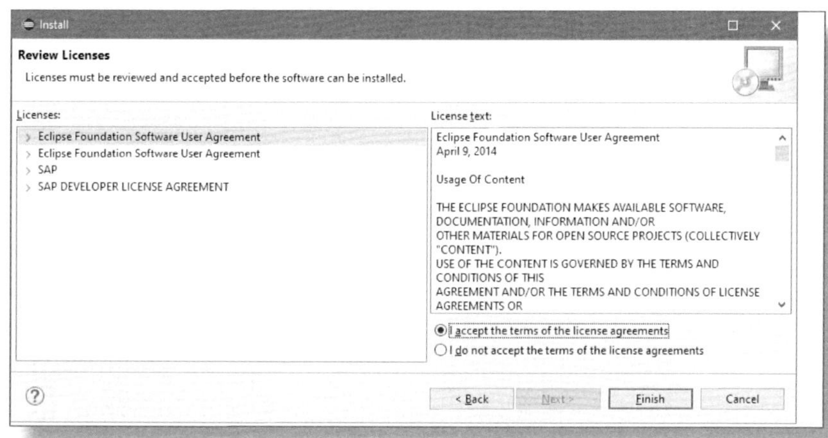

Abbildung 1.15: Eclipse – Softwaretools, Lizenz

8. Die Sicherheitswarnung bestätigen Sie gemäß Abbildung 1.16 mit dem Button INSTALL ANYWAY.

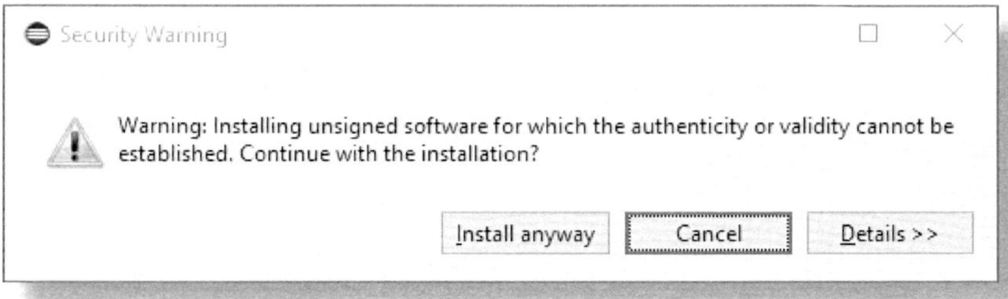

Abbildung 1.16: Eclipse – Softwaretools, Warnung

9. Das Eclipse-Foundation-Zertifikat bestätigen Sie durch Markieren des Eintrags und einen Klick auf ACCEPT SELECTED.

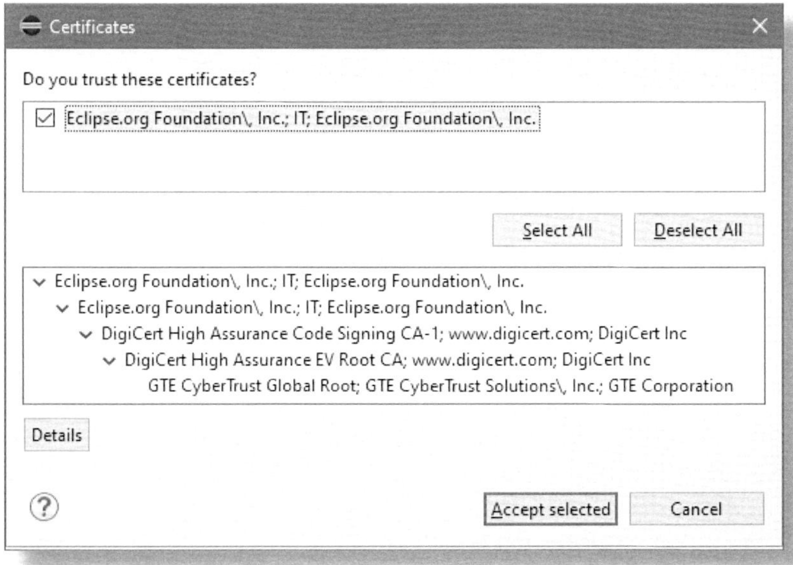

Abbildung 1.17: Eclipse – Bestätigung des Zertifikats

10. Sie werden zum Schluss um einen Neustart der Eclipse IDE gebeten (Abbildung 1.18). Bestätigen Sie mit RESTART NOW.

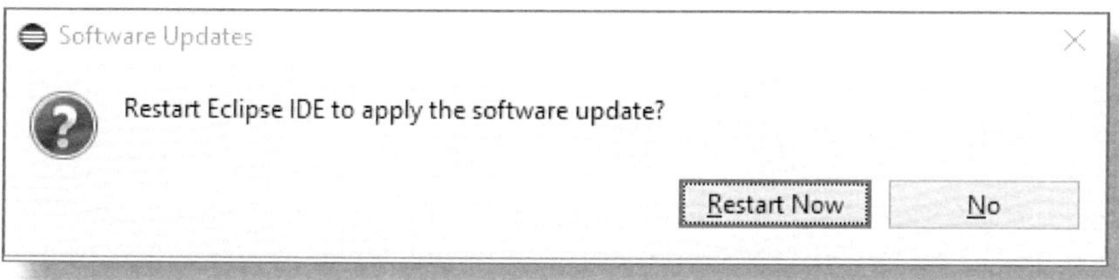

Abbildung 1.18: Eclipse-Neustart

11. Nachdem die Eclipse-Software neu gestartet ist, sehen Sie das Übersichtsbild Ihrer ABAP-Entwicklungstools (Abbildung 1.19). Schauen Sie sich auf Ihrer neuen ABAP-Plattform ein wenig um.

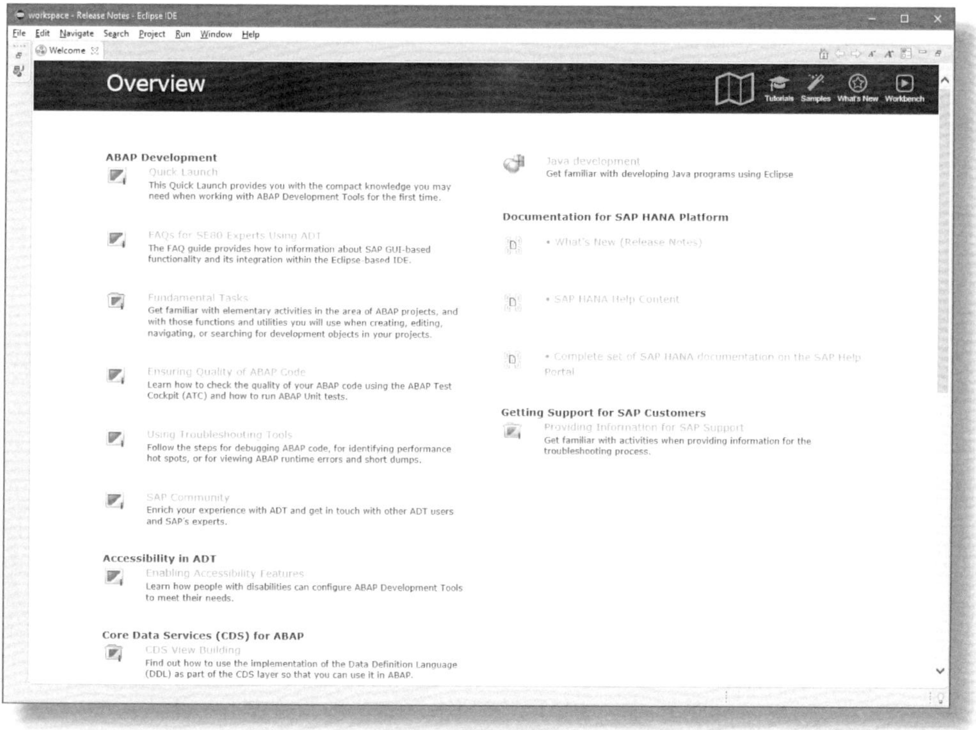

Abbildung 1.19: Eclipse – ABAP-Entwicklung im Überblick

1.3.4 Beginn der Arbeit mit Eclipse

1. Starten Sie das Programm Eclipse. Das geht am einfachsten, wenn Sie auf das Eclipse-Icon auf Ihrem Desktop klicken.

2. Wenn sich das Welcome-Fenster öffnet, schließen Sie es, indem Sie im Reiter WELCOME auf X drücken.

3. Eine komplette Arbeitsumgebung wird in Eclipse als *Perspektive* bezeichnet. Für jede Programmiersprache existiert eine eigene Perspektive: für die ABAP-Umgebung eine ABAP-Perspektive und für die JAVA-Umgebung eine JAVA-Perspektive. Öffnen Sie eine ABAP-Perspektive, indem Sie im Menüpfad WINDOW • PERSPECTIVE • OPEN PERSPECTIVE • OTHER auswählen. Alternativ kann eine neue Perspektive mithilfe des Icons für »Open Perspective« oben rechts geöffnet werden (siehe Abbildung 1.20).

Abbildung 1.20: Eclipse – Neue Perspektive öffnen

4. In dem neuen Dialogfenster markieren Sie ABAP und drücken auf OPEN (siehe Abbildung 1.21).

Andere wichtige Perspektiven für die Programmierung in ABAP sind:

- ABAP CONNECTIVITY & INTEGRATION: Entwicklung systemübergreifender Programme
- ABAP-PROFILING: Erstellen von Performanceanalysen
- DEBUG: Analyse von Programmierfehlern

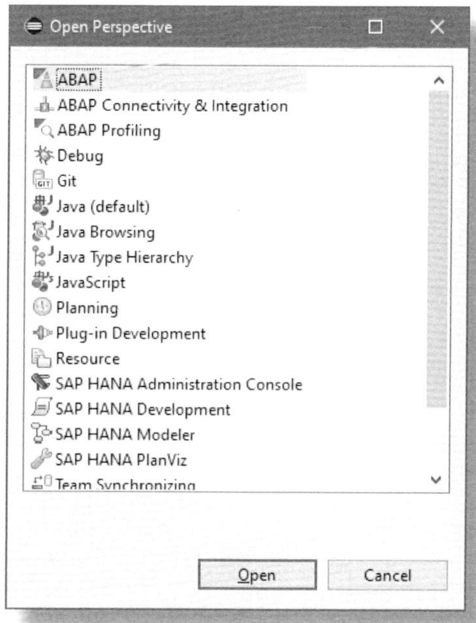

Abbildung 1.21: Eclipse – Auswahl Perspektive

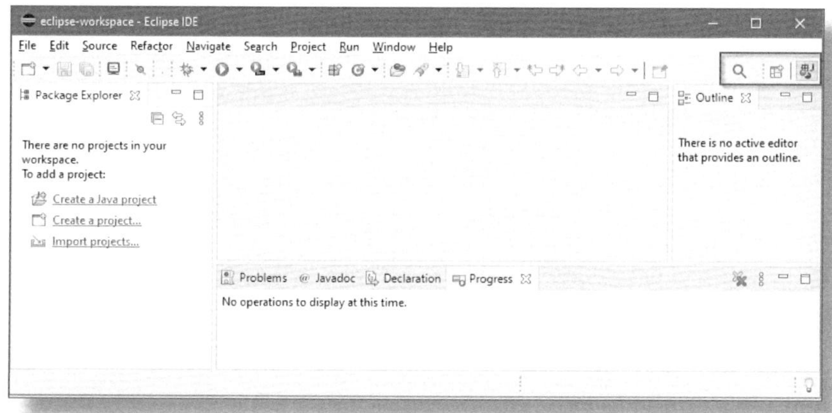

Abbildung 1.22: Eclipse-Perspektiven

In der Buttonleiste, die oben rechts in einer Eclipse-Perspektive angeboten wird (siehe Markierung in Abbildung 1.22 sowie Abbildung 1.23), sehen Sie ganz links die Suche nach Kommandos und anderen Items. Rechts daneben ist das Icon zum Öffnen einer neuen Perspektive. Das nächste Icon öffnet die JAVA- und das Icon ganz rechts die ABAP-Perspektive.

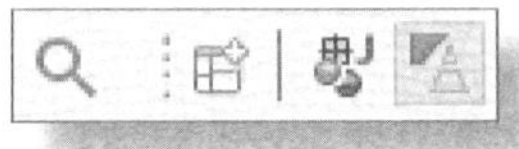

Abbildung 1.23: Direktauswahl Eclipse-Perspektiven

Als ABAP-Entwickler benötigen Sie zur Arbeit mit Eclipse im SAP-System folgende Berechtigungsrollen:

- SAP_BC_DWB_ABAPDEVELOPER
  zum Anlegen, Ändern, Löschen und Aktivieren von Entwicklungsobjekten,
- SAP_BC_DWB_WBDISPLAY
  zum Anzeigen von Entwicklungsobjekten.

Beide beinhalten das Berechtigungsobjekt S_ADT_RES, welches für die Arbeit mit Eclipse zwingend erforderlich ist. Wenn Sie andere Berechtigungsobjekte verwenden möchten, müssen diese auf jeden Fall das Berechtigungsobjekt S_ADT_RES besitzen.

Des Weiteren benötigen Sie eine Verbindung zwischen Eclipse und Ihrem SAP-System. Diese Verbindung wird als *Projekt* bezeichnet.

1. Legen Sie ein neues Projekt an, um die Verbindung zu Ihrem SAP-System herzustellen, indem Sie in der ABAP-Perspektive den Menüpfad FILE • NEW • ABAP-PROJEKT wählen.

2. Sie gelangen zur Auswahl der Systemverbindung (siehe Abbildung 1.24).

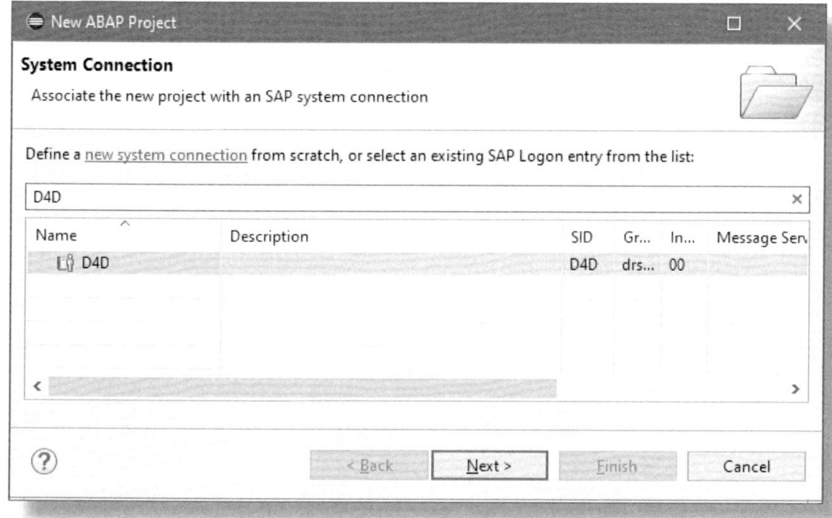

Abbildung 1.24: Eclipse – neues ABAP-Projekt, Systemverbindung

3. Geben Sie das gewünschte SAP-System ein, zu dem Sie eine Verbindung aufbauen möchten, in diesem Beispiel das System D4D. Die Übersicht wird automatisch auf das hier gewählte System eingeschränkt.

Sobald Sie das SAP-System ausgewählt haben, werden Ihnen verschiedene Eigenschaften der Verbindung angezeigt (siehe Abbildung 1.25).

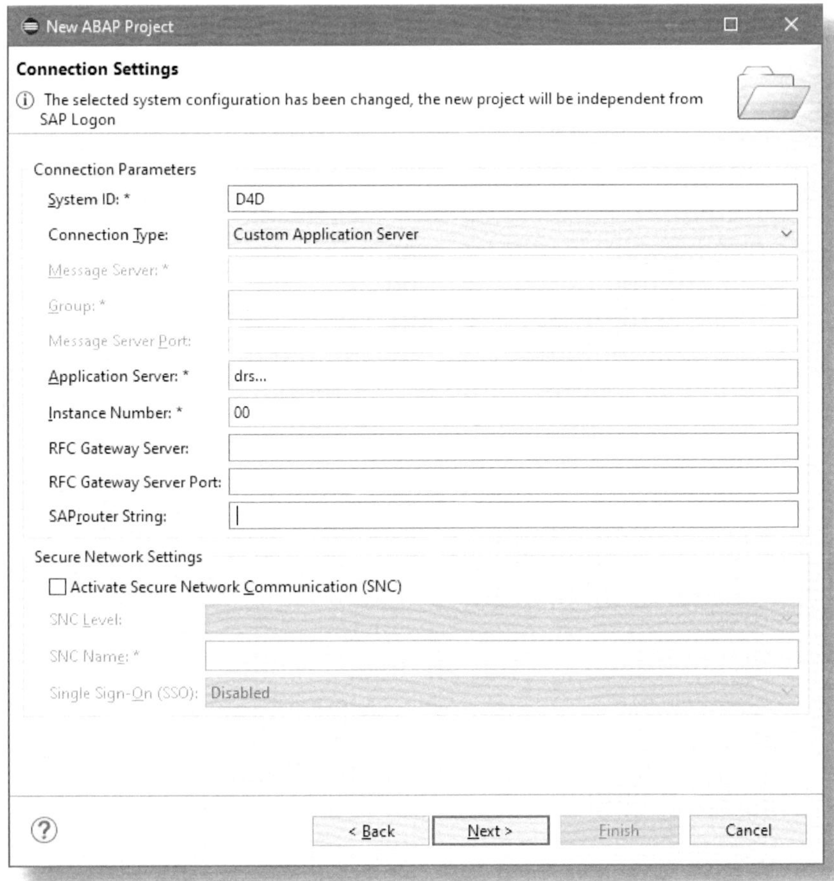

Abbildung 1.25: Eclipse – ausgewähltes SAP-System

4. Wenn Sie jetzt auf NEXT klicken, werden Sie nach Ihren Anmeldedaten zum SAP-System gefragt (Abbildung 1.26). Geben Sie diese ein und drücken Sie FINISH.

5. Sie gelangen daraufhin zurück zum Eclipse-Übersichtsbild, von dem Sie die wesentlichen Funktionen in Abbildung 1.27 sehen.

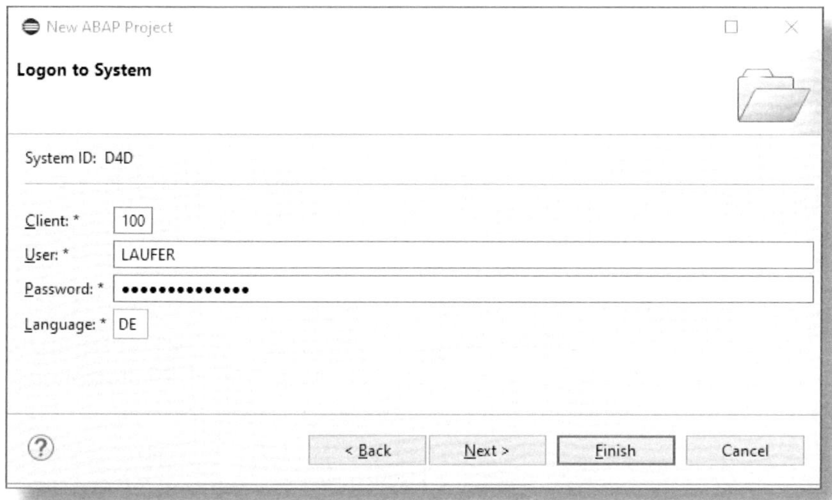

Abbildung 1.26: Eclipse – Anmeldedaten zum SAP-System

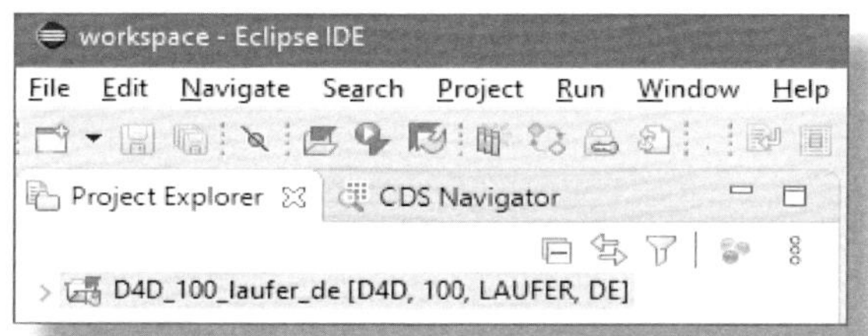

Abbildung 1.27: Eclipse – Übersicht nach Anmeldung am System

6. Expandieren Sie den Knoten des SAP-Systems (hier D4D_100_laufer_de).
7. Daraufhin werden, wie in Abbildung 1.28 dargestellt, unter dem Punkt SYSTEM LIBRARY alle in Ihrem System vorhandenen Entwicklungspakete angezeigt. Außerdem sehen Sie den Punkt FAVORITE PACKAGE, unter dem Sie Ihre Favoritenpakete ablegen können.

Abbildung 1.28: Übersicht Systembaum in Eclipse

8. Expandieren Sie ein Paket, bis Sie ein Objekt des Pakets, z. B. eine Klasse, finden. Doppelklicken Sie auf dieses Objekt. Jetzt sollte Ihre Eclipse-Perspektive in etwa wie in Abbildung 1.29 aussehen.

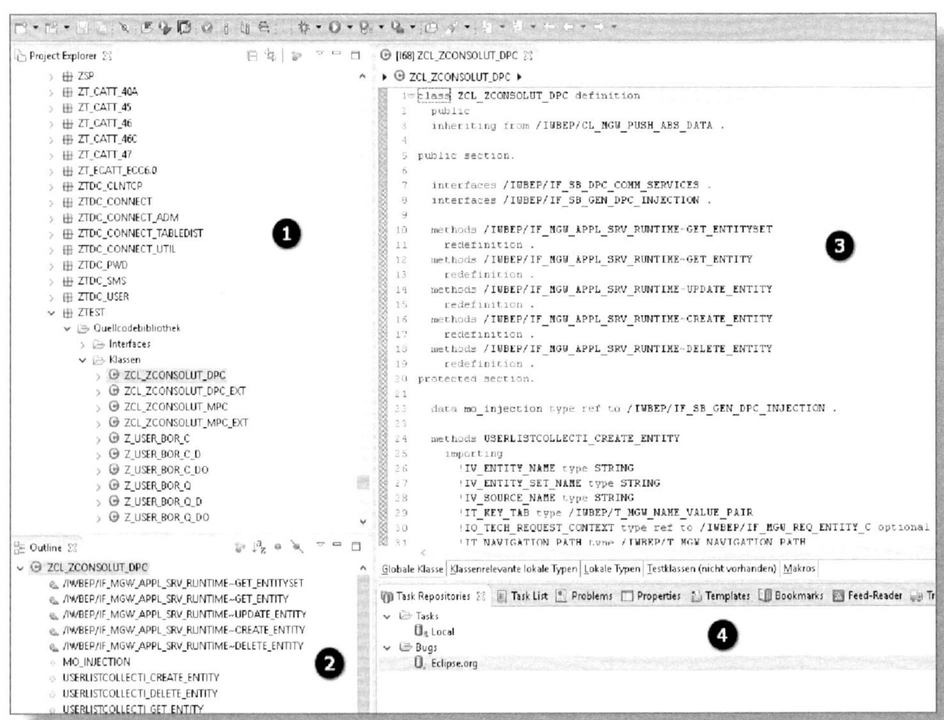

Abbildung 1.29: ABAP-Eclipse-Perspektive

Auf der linken Seite der Perspektive befinden sich die *Ansichten*. Ansicht ❶ zeigt Ihnen das Paket (z. B. ZTEST) mit dem Objekt (z. B. ZCL_ZCONSOLUT_DPC), in Ansicht ❷ werden die Eigenschaften dieses Objekts aufgelistet. Unter ❸ sehen Sie den *Editor*, der Ihnen das Coding des unter ❶ markierten Objekts zeigt. Im Bereich ❹ finden Sie diverse Informationen zu Ihrem gewählten Objekt, wie z. B. aktuelle Prüfungsmeldungen zu Ihrem Programm. Ganz rechts in dieser Perspektive (in der Abbildung nicht zu sehen) erscheint eventuell ein WELCOME. Dort können Sie während der Bearbeitung zusätzliche Informationen, z. B. solche aus der [F1]-Hilfe, einsehen. Ein neues Programm öffnet sich als weiterer Reiter, in diesem Fall neben der Klasse »ZCL_ZCONSOLUT_DPC«.

Sie können in Eclipse in mehreren geöffneten Fenstern gleichzeitig arbeiten. Ein neues *Fenster* öffnen Sie, indem Sie im Menüpfad WINDOW • NEW WINDOW anklicken.

Anzahl der Aufrufmöglichkeiten

Eine Ansicht kann innerhalb einer Perspektive nur einmal angezeigt werden, während Sie Editoren mehrfach öffnen können (z. B., um verschiedene Programme gleichzeitig zu bearbeiten).

Netzwerkprobleme?

Wenn Sie nach Eingabe Ihrer SAP-Systemdaten keine Verbindung zu Ihrem SAP-System erhalten, liegt dies vermutlich daran, dass Sie eine Verbindung über einen speziellen Host und eine Portnummer aufbauen müssen. Gehen Sie dazu wie folgt vor:

1. Wählen Sie unter WINDOW (vgl. Abbildung 1.27) den Menüpunkt PREFERENCES.
2. Suchen Sie im oberen Suchfeld nach *Network Connections*.

3. Gehen Sie im Auswahlfeld ACTIVE PROVIDER auf *Manual*.
4. Markieren Sie in der Liste *HTTP* und drücken Sie den Button EDIT.
5. Geben Sie im daraufhin erscheinenden Pop-up Ihren HOST und Ihre PORTNUMMER ein.
6. Setzen Sie im Pop-up bei REQUIRES AUTHENTIFICATIONS das Häkchen und geben Sie USER und PASSWORT ein.
7. Bestätigen Sie mit OK.
8. Markieren Sie in der Liste *HTTPS* und drücken Sie den Button EDIT.
9. Geben Sie HOST und PORT ein.
10. Setzen Sie das Häkchen bei REQUIRES AUTHENTIFICATIONS und geben Sie USER und PASSWORT ein.
11. Bestätigen Sie mit OK.
12. Bestätigen Sie Ihre gemachten Änderungen mit APPLY AND CLOSE.

Bei Situationen, die nicht im Editor angezeigt werden können, startet Eclipse automatisch die SAP GUI, so z. B. bei der Anzeige von Dictionary-Objekten (*SE11*).

Wenn Sie ein Programm ausführen wollen, wählen Sie den Menüpfad RUN • RUN oder den Button .

Andere Objekte, deren Coding gerade nicht im Editor angezeigt wird, können Sie starten, indem Sie den Menüpfad RUN • ABAP-ENTWICKLUNGSOBJEKT AUSFÜHREN wählen oder den Button drücken.

Sobald Sie ein Entwicklungsobjekt aufrufen, ist es für andere Benutzer gesperrt. Sie müssen hier also nicht, wie sonst in der SAP GUI, zwischen Anzeigen und Ändern hin- und herschalten, um es zu sperren oder die Sperre aufzuheben.

Benutzereigene Einstellungen für Eclipse und Ihre ABAP-Bearbeitung können Sie über den Menüpfad WINDOW • PREFERENCES auswählen. So finden Sie z. B. die ABAP-Einstellungen unter ABAP DEVELOPMENT (siehe Abbildung 1.30).

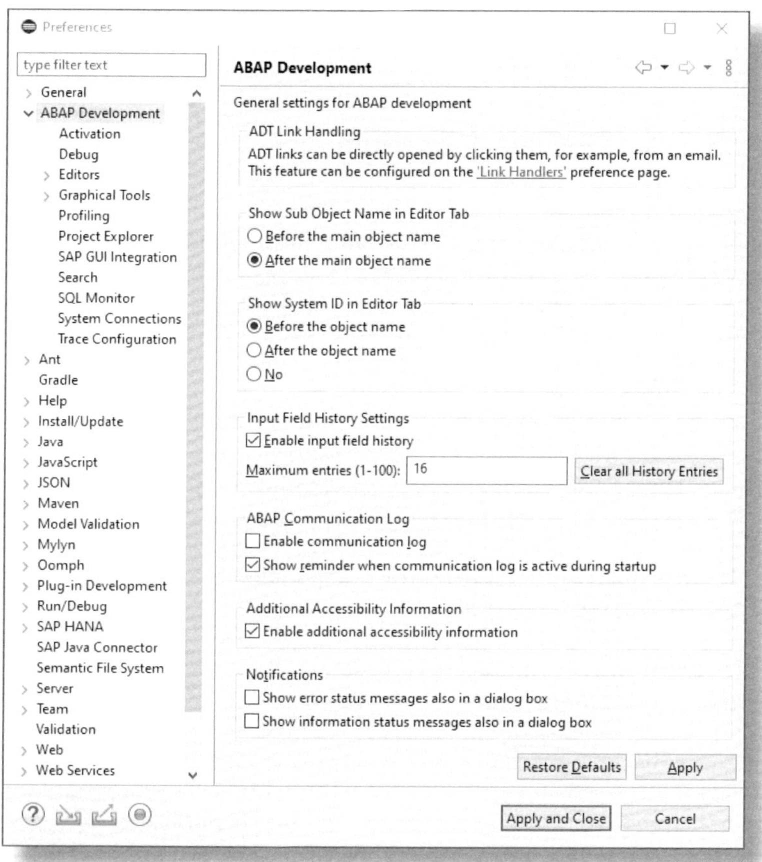

Abbildung 1.30: Eclipse – Globale Einstellungen

Folgende Einstellungen sollten Sie kennen:

- ADT LINK HANDLING: Hier können Sie festlegen, dass Entwicklungsobjekte über eine ABAP-Ressourcen-URL aus E-Mails heraus geöffnet werden können.
- Über den Unterpunkt ACTIVATION steuern Sie die Aktivierung.
- Unter DEBUG nehmen Sie Einfluss auf den Debugger.

Weitere Informationen zur Eclipse-Plattform finden Sie unter *http://www.eclipse.org/documentation* oder über den Menüpfad HELP • HELP CONTENTS.

1.3.5 Ihr erstes Eclipse-Programm

Im Folgenden führen wir Sie Schritt für Schritt durch Ihr erstes selbst geschriebenes Eclipse-Programm, in dem Sie Flugdaten selektieren und ausgeben:

1. Starten Sie die Eclipse-Plattform, wenn Sie sie nicht bereits geöffnet haben.
2. Über den Menüpfad FILE • NEW legen Sie ein neues Entwicklungsobjekt an. Da wir ein Programm anlegen möchten, wählen Sie FILE • NEW • OTHER. Sie können auch das Icon mit der Dropdownliste ganz links in der Buttonleiste (vgl. Abbildung 1.27) drücken.
3. Suchen Sie nach »ABAP Program« oder wählen Sie den Pfad ABAP • ABAP PROGRAM.
4. Wenn nicht bereits geschehen, müssen Sie sich jetzt an Ihrem ABAP-Projekt (SAP-System) anmelden.
5. Als Nächstes werden Sie in einem Dialogfenster (siehe Abbildung 1.31) aufgefordert, ein Paket, einen Namen und eine Beschreibung für Ihr neues Programm einzugeben. Tragen Sie als PACKAGE *$TMP* (lokales Objekt), als NAMEN *Z_MY_FIRST_ECLIPSE_PROGRAM* und als BESCHREIBUNG *Mein erstes Eclipse-Programm* ein. Drücken Sie anschließend auf FINISH.

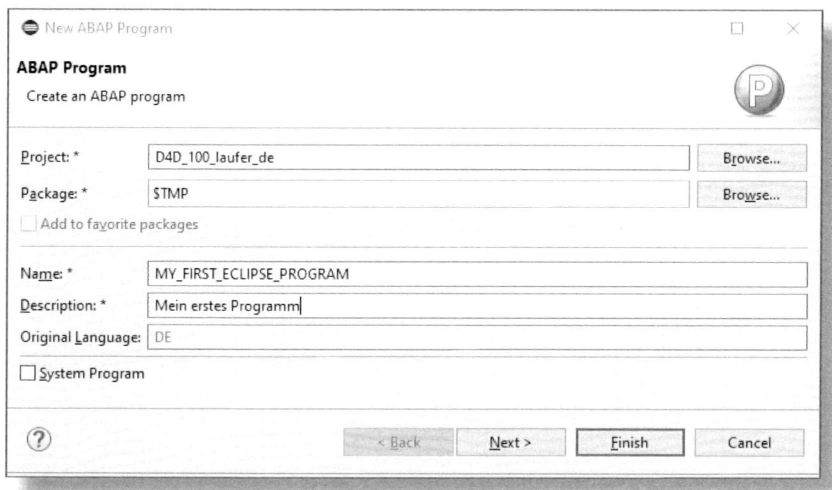

Abbildung 1.31: Eclipse – Anlegen eines Programms

6. Je nach Ihrer ABAP-Version geben Sie das Listing 1.1 oder Listing 1.2 in Ihr Programm ein, um Daten aus der Tabelle SPFLI zu selektieren und auszugeben.

```
CONSTANTS gc_lufthansa TYPE s_carr_id VALUE 'LH'.

SELECT carrid, connid, airpfrom, airpto
       FROM spfli
       INTO TABLE @DATA(gt_spfli)
       WHERE carrid = @gc_lufthansa.

LOOP AT gt_spfli
     ASSIGNING FIELD-SYMBOL(<gs_spfli>).
  WRITE: / <gs_spfli>-carrid,
           <gs_spfli>-connid,
           <gs_spfli>-airpfrom,
           <gs_spfli>-airpto.
ENDLOOP.
```

Listing 1.1: Neues ABAP

```
DATA gt_spfli TYPE TABLE OF spfli.
CONSTANTS gc_lufthansa TYPE s_carr_id VALUE 'LH'.
FIELD-SYMBOLS <gs_spfli> LIKE LINE OF gt_spfli.

SELECT carrid connid airpfrom airpto
       FROM spfli
       INTO CORRESPONDING FIELDS OF TABLE gt_spfli
       WHERE carrid = gc_lufthansa.

LOOP AT gt_spfli
     ASSIGNING <gs_spfli>.
  WRITE: / <gs_spfli>-carrid,
           <gs_spfli>-connid,
           <gs_spfli>-airpfrom,
           <gs_spfli>-airpto.
ENDLOOP.
```

Listing 1.2: Altes ABAP

7. Verwenden Sie den *Pretty Printer*, indem Sie [⇧] + [F1] drücken.

Tastenkombinationen in Eclipse

Auf den folgenden Internetseiten finden Sie nützliche Eclipse-Tastaturkombinationen:

- *http://eclipse-tools.sourceforge.net/shortcuts.html*
- *https://www.blattertech.ch/2011/09/nuetzliche-eclipse-kurzbefehle*

8. Aktivieren Sie Ihr Programm durch Drücken der Icons oder (alle inaktiven Objekte) in der Buttonleiste.
9. Führen Sie das Programm aus, indem Sie drücken. Wählen Sie im folgenden Pop-up (siehe Abbildung 1.32) ABAP Application und drücken Sie wahlweise OK oder [F8].

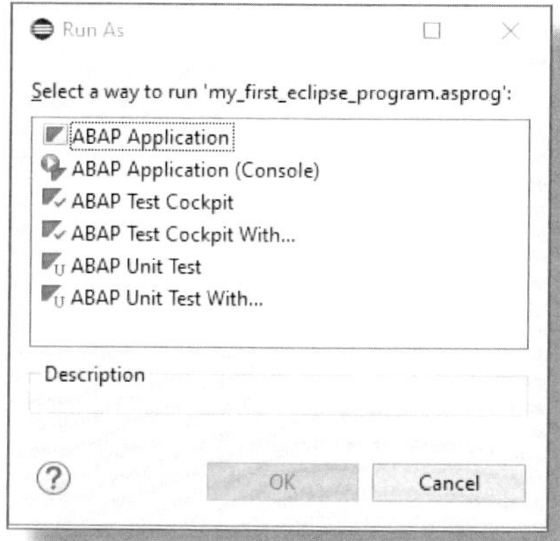

Abbildung 1.32: Eclipse – auszuführende Anwendungsart

Die Ergebnisliste im Editor sollte nun wie in Abbildung 1.33 aussehen.

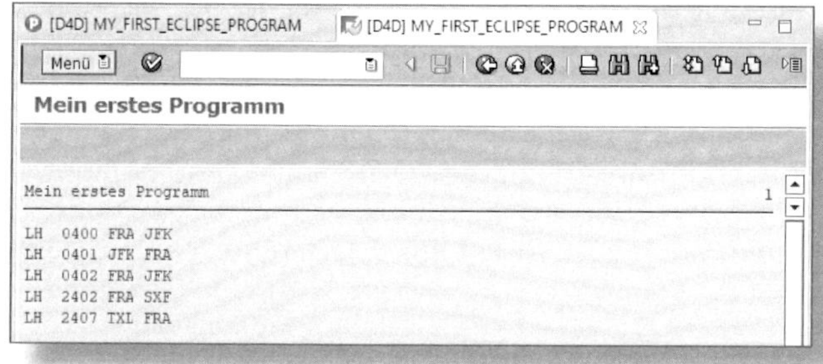

Abbildung 1.33: Ergebnisliste erstes Eclipse-Programm

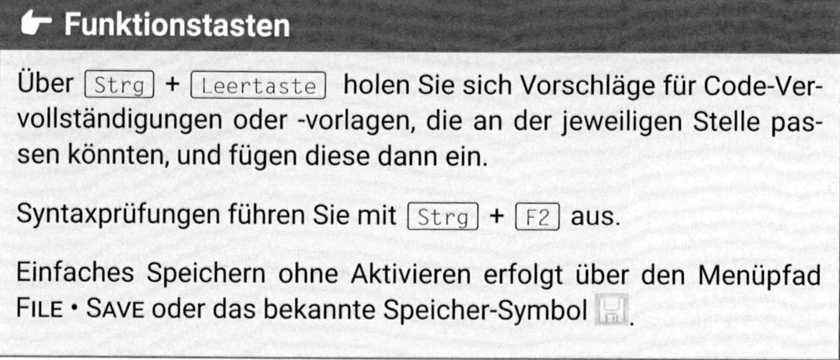

Funktionstasten

Über [Strg] + [Leertaste] holen Sie sich Vorschläge für Code-Vervollständigungen oder -vorlagen, die an der jeweiligen Stelle passen könnten, und fügen diese dann ein.

Syntaxprüfungen führen Sie mit [Strg] + [F2] aus.

Einfaches Speichern ohne Aktivieren erfolgt über den Menüpfad FILE • SAVE oder das bekannte Speicher-Symbol.

Die im Weiteren beschriebenen Schritte sollen Ihnen die Arbeitsweise mit Eclipse noch etwas näherbringen.

10. Gehen Sie zurück zu Ihrem Quellcode und setzen Sie den Cursor in das Wort SPFLI. Wählen Sie anschließend den Menüpfad Navigate • Navigate To oder drücken Sie [F3]. Daraufhin sehen Sie im linken unteren Fenster Outline die Struktur der Tabelle SPFLI.

11. Setzen Sie den Cursor in das Wort GT_SPFLI der LOOP-Anweisung (siehe Zeile 15 in Abbildung 1.34). Wählen Sie dann wiederum den Menüpfad Navigate • Navigate To oder die Taste [F3]. Der Cursor springt jetzt zur DATA-Deklaration von GT_SPFLI.

12. Setzen Sie den Cursor an einer beliebigen Stelle im Code auf das Wort GT_SPFLI. Sie sehen bereits, dass Eclipse automatisch alle Vorkommen im aktuellen Quellcode hervorhebt. Wählen Sie im Kontextmenü der rechten Maustaste den Eintrag Get Where-used List. Sie sehen daraufhin die Vorkommen von GT_SPFLI im unteren Informationsbereich. Wenn Sie dort auf einen der Treffer doppelklicken, gelangen Sie an die Stelle des Editors.

13. Um Breakpoints zu setzen, doppelklicken Sie in Ihrem Programm links von der Zeilennummer, in der die LOOP-Anweisung beginnt.

    Daraufhin erscheint ein blauer Punkt links neben der Zahl, wie Sie ihn in Abbildung 1.34 sehen.

```
10 SELECT carrid, connid, airpfrom, airpto
11        FROM spfli
12        INTO TABLE @DATA(gt_spfli)
13        WHERE carrid = @gc_lufthansa.
14
15 LOOP AT gt_spfli
16      ASSIGNING FIELD-SYMBOL(<gs_spfli>).
17   WRITE: / <gs_spfli>-carrid,
18            <gs_spfli>-connid,
19            <gs_spfli>-airpfrom,
20            <gs_spfli>-airpto.
21 ENDLOOP.
```

Abbildung 1.34: Eclipse – Breakpoint

Sie können auch einen Statement-Breakpoint auf eine konkrete ABAP-Anweisung oder Ausnahmeklasse setzen, und zwar über den Menüpfad RUN • ABAP-BREAKPOINTS. Diese Breakpoints sehen Sie nicht im Editor, sondern nur in der Breakpoint-Ansicht des unteren Informationsbereichs.

14. Starten Sie das Programm.

Das Programm läuft jetzt im Debugger. Sehen Sie sich im Debugger ein wenig um. Beispielsweise können Sie sich hier Details zu einer Variable per Doppelklick auf den Variablennamen ansehen. Wie in der SAP GUI gehen Sie mit der Taste F5 im Quellcode einen Schritt weiter. Sehen Sie sich auch die Icons in der Eclipse-Toolbar genauer an (siehe Abbildung 1.35).

Abbildung 1.35: Eclipse – Debugger-Icons

Wenn Sie Anfänger im Eclipse-Umfeld sind, empfehlen wir Ihnen die Übungen im SAP Community Network, die Sie unter *http://scn.sap.com/docs/DOC-31815* aufrufen.

1.3.6 SAP HANA Studio

SAP HANA Studio in Eclipse wurde für die HANA-Entwicklung und -Administration konzipiert. Für die Arbeit mit SAP HANA Studio benötigen Sie im SAP-System die folgenden Berechtigungsrollen:

- ABAP_DEV
  zum Anlegen, Ändern, Löschen und Aktivieren von Entwicklungsobjekten im SAP HANA Repository
- ABAP_READ
  zum Anzeigen von Entwicklungsobjekten im SAP HANA Repository

SAP HANA Studio können Sie mit unterschiedlichen Perspektiven nutzen. Diese sind v. a.:

- *SAP HANA Modeler*
  Hier finden Sie den Datenbankkatalog und können Datensichten und Datenbankprozeduren im SAP HANA Repository anlegen.
- *SAP HANA Development*
  Diese Perspektive ist für allgemeine Entwicklungen, v. a. mit SAP HANA Extended Services vorgesehen, die mit dem SAP HANA Repository kommunizieren.
- *SAP HANA PlanViz*
  dient der Laufzeit- und Fehleranalyse in SAP HANA.
- *SAP HANA Administration Console*
  Damit können Administratoren oder Entwickler das SAP-HANA-System beobachten und verwalten. Auch Benutzer und Berechtigungen werden hier verwaltet.

Um SAP HANA Studio mit der SAP-HANA-Datenbank zu verbinden, verwenden Sie die Perspektive SAP HANA Modeler.

1. Starten Sie Eclipse.
2. Wählen Sie im Menüpfad Window • Perspective • Open Perspective • Other.
3. Es öffnet sich ein Pop-up, wie Sie es in Abbildung 1.36 sehen.
4. Wählen Sie SAP HANA Modeler und drücken Sie den Button OK.
5. Binden Sie SAP HANA Studio an die SAP-HANA-Datenbank, indem Sie in der linken Perspektiven-Ansicht unter dem Reiter Systems auf das Dropdown-Menü des Icons drücken. Wählen Sie Add System (siehe Abbildung 1.37).

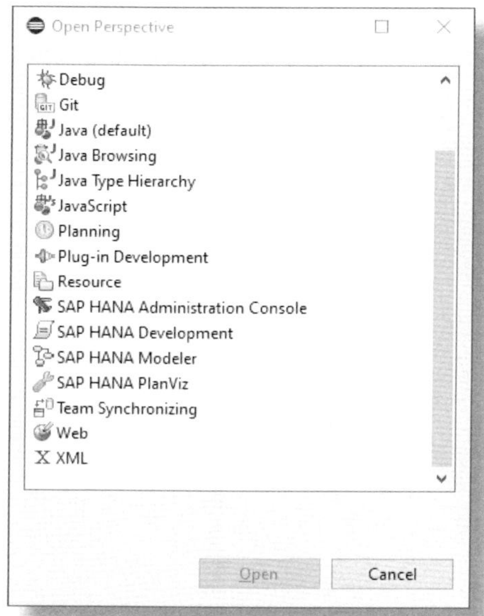

Abbildung 1.36: Eclipse – Auswahl der Perspektive

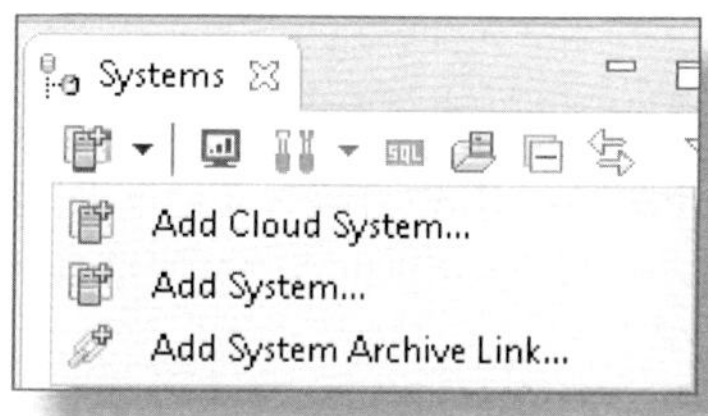

Abbildung 1.37: Eclipse – Verbinden mit HANA-Datenbank

6. Geben Sie im nachfolgenden Pop-up, wie in Abbildung 1.38 zu sehen, die Systemdaten für den SAP-HANA-Datenbankserver ein:

   - HOST NAME,
   - INSTANCE NUMBER,
   - Beschreibung (DESCRIPTION).

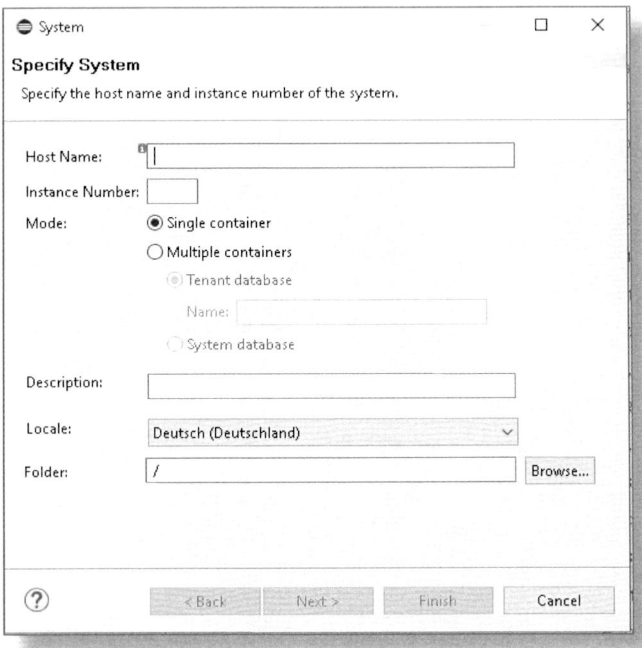

Abbildung 1.38: Eclipse – HANA-Datenbankserver

7. Wenn Sie auf den Button NEXT geklickt haben, gelangen Sie zum Folge-Pop-up (Abbildung 1.39). Geben Sie hier Ihren Benutzernamen und das Passwort ein. (Im Bild ist die Funktion FINISH ausgegraut, da noch kein Eintrag erfolgt ist.)

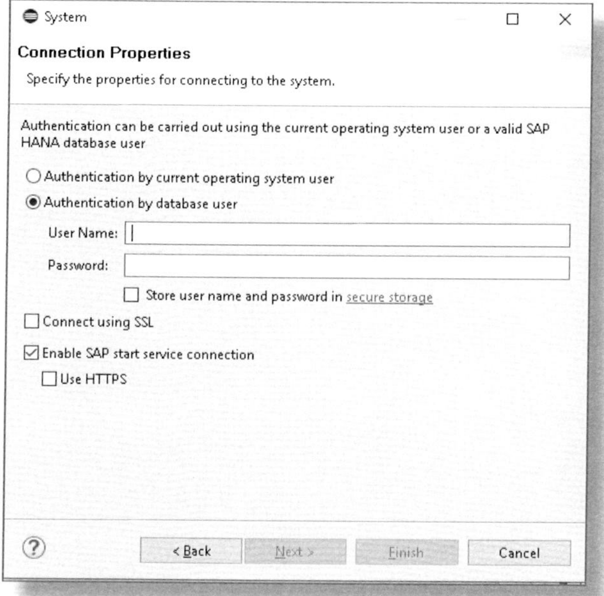

Abbildung 1.39: Eclipse – HANA-Benutzerdaten

8. Nach Drücken des Buttons FINISH wird die Verbindung zum Datenbankserver aufgebaut.

Sobald die Datenbankverbindung aufgebaut ist, sehen Sie die vollständige Perspektive des HANA Modelers (siehe Abbildung 1.40).

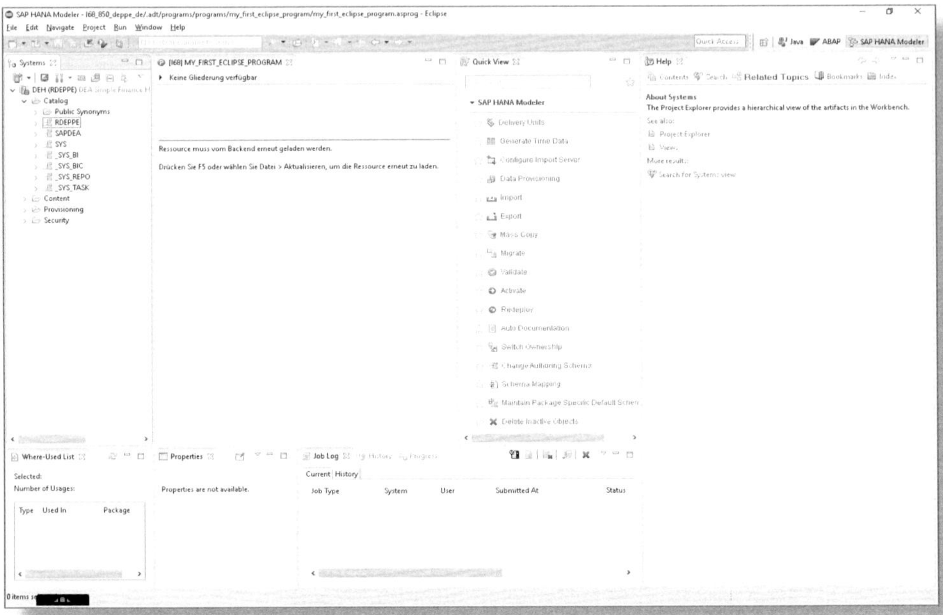

Abbildung 1.40: Eclipse – Perspektive HANA Modeler

In der oberen rechten Ecke können Sie zwischen den unterschiedlichen Perspektiven ABAP (Applikationsserver) und HANA MODELER (HANA Datenbankserver) hin- und herschalten (siehe Abbildung 1.41).

Abbildung 1.41: Auswahl der Perspektiven

In der linken Sicht SYSTEMS (Abbildung 1.42) sehen Sie eine Baumstruktur mit vier Hauptknoten:

- CATALOG
- CONTENT
- PROVISIONING – unter diesem Knoten lassen sich externe Datenquellen einbinden
- SECURITY – hier können Sie Benutzer und Rollen verwalten

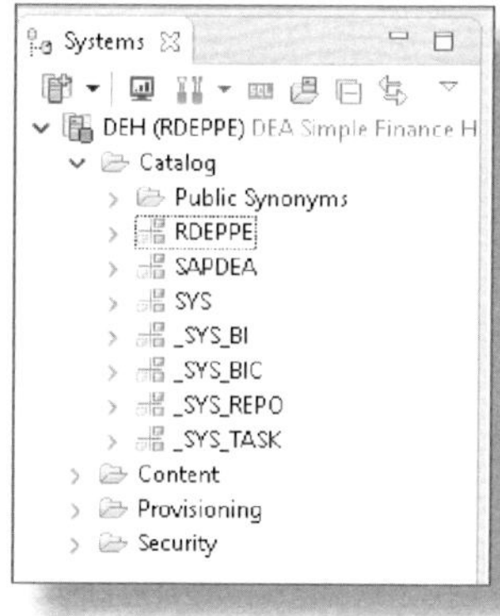

Abbildung 1.42: Sicht »Systems« des HANA Modelers

Im Folgenden gehen wir näher auf die Knoten CATALOG und CONTENT ein, da diese am häufigsten verwendet werden.

Systemknoten CATALOG

Der *Catalog* ist ein Datenbankkatalog, der die direkten Objekte der Datenbank (*Datenbankobjekte*) enthält. Dazu zählen Datenbanktabellen, -prozeduren und Datensichten.

Wenn Sie den Knoten CATALOG aufklappen, sehen Sie die in Tabelle 1.2 ausgewiesenen zugehörigen Datenbankobjekte.

Datenbankobjekt	Beschreibung
Table	Datenbanktabelle, die Ihre Daten speichert. Sie können diese Tabelle auch mit dem Data Dictionary des ABAP-Applikationsservers anlegen.
View	Datensicht über eine oder mehrere Tabellen. Er ist gleichzusetzen mit dem View im Data Dictionary des ABAP-Applikationsservers.
Column View	Spezielle Datensicht für Tabellen (HANA-analytische Views), die als Column Stores angelegt sind.
Function	Functions sind eigendefinierte Funktionen, um Kalkulationen durchzuführen, die sich für Select-Anweisungen nutzen lassen.
Procedure	Datenbankprozeduren, die als gekapselte Programme geschrieben und wiederverwendbar sind. Sie sind nur auf der HANA-Datenbank ausführbar.
Index	Zusätzliche Speicherstruktur, welche die Suche nach Datensätzen und das Sortieren der Datenbanktabelle beschleunigt, analog zum zusätzlichen Index von Datenbanktabellen im ABAP Dictionary.
Sequence	Eine Sequenz bietet die Möglichkeit, fortlaufende eindeutige Nummern zu erzeugen, analog zum Nummernkreis in ABAP.
Synonym	*Alias* (verkürzter Name) für Datenbanktabellen, Views, Datenbankprozeduren und Sequenzen. Datenbankobjekte sind im Normalfall nur mit langen Namen ansprechbar und über Synonyme einfacher aufrufbar. Wir kommen im Verlauf dieses Abschnitts noch darauf zu sprechen.
Trigger	Programm, das bei speziellen Ereignissen des Datenbankservers (z. B. Änderung von Datensätzen einer Tabelle) ausgeführt wird, ähnlich dem »Ereignishandler« einer ABAP-Klasse.
EPM Model und EPM Query Source	Dieses sind Objekte für die Planungs-Engine, auf die wir aber nicht weiter eingehen.

Tabelle 1.2: Datenbankobjekte des CATALOG-Knotens

Im Knoten CATALOG sehen Sie mehrere Unterknoten. Jeder stellt ein sogenanntes *Datenbankschema dar*. Ein Schema bildet eine Gruppe logisch zusammengehöriger Datenbankobjekte. Sie finden voreingestellt:

- Ein Datenbankschema mit Ihrem eigenen Benutzernamen und den Datenbankobjekten für Ihren persönlichen Namensraum;
- ein Datenbankschema, welches den Namen des ABAP-Applikationsservers enthält – dieses nennt man auch *Systemschema* oder *ABAP-Schema*. Darüber kommuniziert der Applikationsserver mit der HANA-Datenbank. Der Name des ABAP-Schemas setzt sich zusammen aus »SAP« und der System-ID. Für ein SAP-System »DEA« lautet also der Name des ABAP-Schemas »SAPDEA«;
- mit »SYS« oder »2_SYS« beginnende Datenbankschemas, die von der HANA-Datenbank selbst verwaltet werden.

Wir haben in Listing 1.1 aus der Datenbanktabelle SPFLI selektiert. Sie können sich unter CATALOG auch direkt den Inhalt der Datenbanktabelle SPFLI anzeigen lassen.

1. Öffnen Sie dazu das ABAP-Schema des Applikationsservers.
2. Öffnen Sie den Knoten TABLES.
3. Sie sehen jetzt alle Tabellen, über die der Applikationsserver mit der Datenbank kommuniziert. Erfahrungsgemäß sind dieses sehr viele. Deshalb können Sie nach der gesuchten Tabelle filtern. Dazu markieren Sie den Knoten TABLES und öffnen mit der rechten Maustaste das Kontextmenü.
4. Wählen Sie im Kontextmenü den Eintrag FIND TABLE.

Es öffnet sich ein Pop-up, wie Sie es in Abbildung 1.43 sehen.

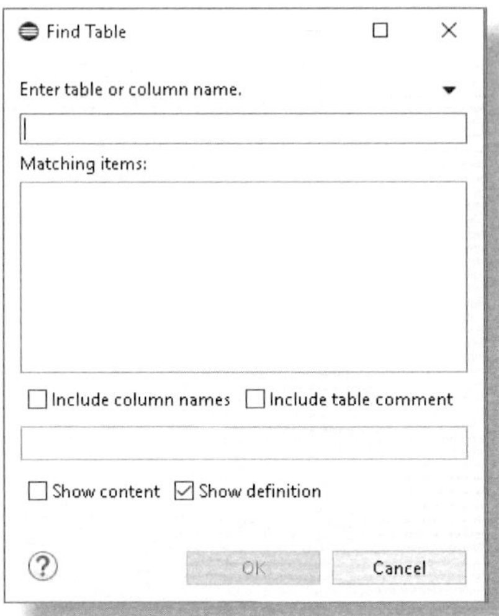

Abbildung 1.43: Eclipse – Suche nach Tabelle

5. Geben Sie als Namen der Tabelle *SPFLI* ein. Überzeugen Sie sich, dass der Haken bei SHOW DEFINITION gesetzt ist.

Sie sehen sodann im Bereich MATCHING ITEMS eine Auswahl von Tabellen, die den String SPFLI enthalten (siehe Abbildung 1.44).

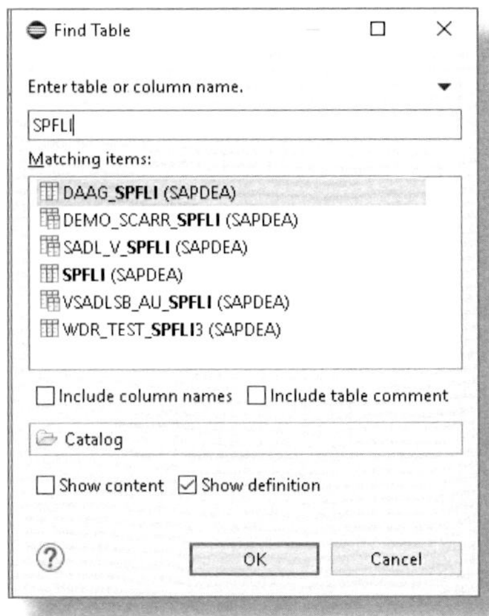

Abbildung 1.44: Eclipse – Auswahl von Tabelle SPFLI

6. Wählen Sie SPFLI des Systemschemas und drücken Sie den Button OK.

Nun wird Ihnen die Tabellenstruktur des SPFLI angezeigt (Abbildung 1.45). Hier können Sie auch ablesen, dass die Tabelle SPFLI als *Column Store* angelegt wurde (sichtbar im Feld TYPE).

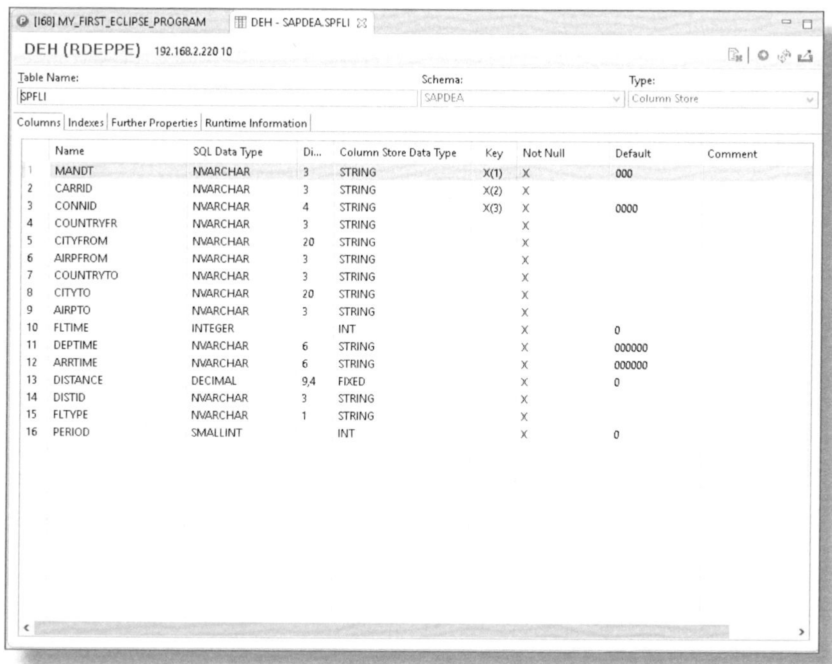

	Name	SQL Data Type	Di...	Column Store Data Type	Key	Not Null	Default	Comment
1	MANDT	NVARCHAR	3	STRING	X(1)	X	000	
2	CARRID	NVARCHAR	3	STRING	X(2)	X		
3	CONNID	NVARCHAR	4	STRING	X(3)	X	0000	
4	COUNTRYFR	NVARCHAR	3	STRING		X		
5	CITYFROM	NVARCHAR	20	STRING		X		
6	AIRPFROM	NVARCHAR	3	STRING		X		
7	COUNTRYTO	NVARCHAR	3	STRING		X		
8	CITYTO	NVARCHAR	20	STRING		X		
9	AIRPTO	NVARCHAR	3	STRING		X		
10	FLTIME	INTEGER		INT		X	0	
11	DEPTIME	NVARCHAR	6	STRING		X	000000	
12	ARRTIME	NVARCHAR	6	STRING		X	000000	
13	DISTANCE	DECIMAL	9,4	FIXED		X	0	
14	DISTID	NVARCHAR	3	STRING		X		
15	FLTYPE	NVARCHAR	1	STRING		X		
16	PERIOD	SMALLINT		INT		X	0	

Abbildung 1.45: Eclipse – Anzeige der Tabellenstruktur

Unter den einzelnen Reitern in der Tabellenanzeige finden Sie weitere nützliche Informationen, die Sie in Ihrer Programmierung berücksichtigen können.

7. Setzen Sie den Cursor in das Namensfeld der Tabelle und wählen Sie im Kontextmenü (rechte Maustaste) den Eintrag CONTENT.

Sie sehen daraufhin die ersten tausend Datensätze der Datenbanktabelle (Abbildung 1.46).

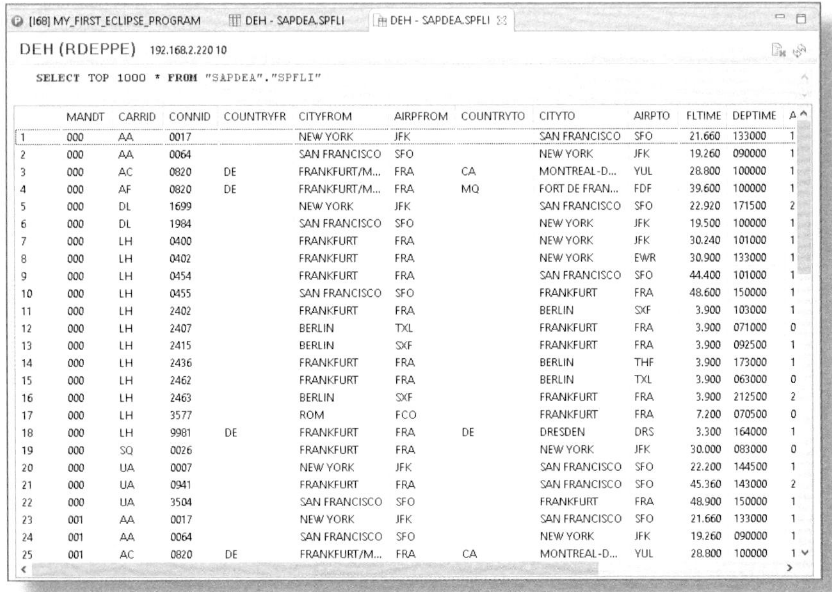

	MANDT	CARRID	CONNID	COUNTRYFR	CITYFROM	AIRPFROM	COUNTRYTO	CITYTO	AIRPTO	FLTIME	DEPTIME	A
1	000	AA	0017		NEW YORK	JFK		SAN FRANCISCO	SFO	21.660	133000	1
2	000	AA	0064		SAN FRANCISCO	SFO		NEW YORK	JFK	19.260	090000	1
3	000	AC	0820	DE	FRANKFURT/M...	FRA	CA	MONTREAL-D...	YUL	28.800	100000	1
4	000	AF	0820	DE	FRANKFURT/M...	FRA	MQ	FORT DE FRAN...	FDF	39.600	100000	1
5	000	DL	1699		NEW YORK	JFK		SAN FRANCISCO	SFO	22.920	171500	2
6	000	DL	1984		SAN FRANCISCO	SFO		NEW YORK	JFK	19.500	100000	1
7	000	LH	0400		FRANKFURT	FRA		NEW YORK	JFK	30.240	101000	1
8	000	LH	0402		FRANKFURT	FRA		NEW YORK	EWR	30.900	133000	1
9	000	LH	0454		FRANKFURT	FRA		SAN FRANCISCO	SFO	44.400	101000	1
10	000	LH	0455		SAN FRANCISCO	SFO		FRANKFURT	FRA	48.600	150000	1
11	000	LH	2402		FRANKFURT	FRA		BERLIN	SXF	3.900	103000	1
12	000	LH	2407		BERLIN	TXL		FRANKFURT	FRA	3.900	071000	0
13	000	LH	2415		BERLIN	SXF		FRANKFURT	FRA	3.900	092500	1
14	000	LH	2436		FRANKFURT	FRA		BERLIN	THF	3.900	173000	1
15	000	LH	2462		FRANKFURT	FRA		BERLIN	TXL	3.900	063000	0
16	000	LH	2463		BERLIN	SXF		FRANKFURT	FRA	3.900	212500	2
17	000	LH	3577		ROM	FCO		FRANKFURT	FRA	7.200	070500	0
18	000	LH	9981	DE	FRANKFURT	FRA	DE	DRESDEN	DRS	3.300	164000	1
19	000	SQ	0026		FRANKFURT	FRA		NEW YORK	JFK	30.000	083000	0
20	000	UA	0007		NEW YORK	JFK		SAN FRANCISCO	SFO	22.200	144500	1
21	000	UA	0941		FRANKFURT	FRA		SAN FRANCISCO	SFO	45.360	143000	2
22	000	UA	3504		SAN FRANCISCO	SFO		FRANKFURT	FRA	48.900	150000	1
23	001	AA	0017		NEW YORK	JFK		SAN FRANCISCO	SFO	21.660	133000	1
24	001	AA	0064		SAN FRANCISCO	SFO		NEW YORK	JFK	19.260	090000	1
25	001	AC	0820	DE	FRANKFURT/M...	FRA	CA	MONTREAL-D...	YUL	28.800	100000	1

Abbildung 1.46: Eclipse – Auszug aus den ersten tausend Datensätzen

8. Um nur die Datensätze zur Tabelle SPFLI sehen zu können, filtern Sie die Baumstruktur des TABLE-Knotens nach SPFLI. Markieren Sie dafür den TABLE-Knoten und öffnen Sie mit der rechten Maustaste das Kontextmenü.

9. Wählen Sie im Kontextmenü den Eintrag FILTERS.

10. Geben Sie im Folge-Pop-up den Namen *SPFLI* ein und drücken Sie OK.

Sie finden jetzt in der Sicht SYSTEMS die gefilterten Einträge für SPFLI, analog zu Abbildung 1.47.

11. Markieren Sie die Tabelle SPFLI und wählen Sie im Kontextmenü den Eintrag OPEN DATA PREVIEW.

Nun werden alle vorliegenden Datensätze aufgelistet (siehe Abbildung 1.48).

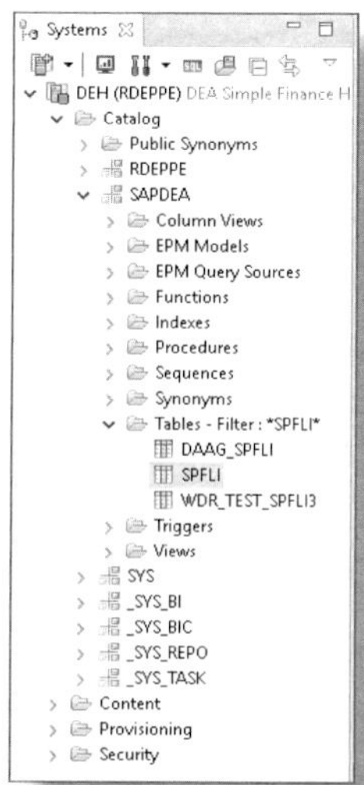

Abbildung 1.47: Eclipse – gefiltert nach Tabelle SPFLI

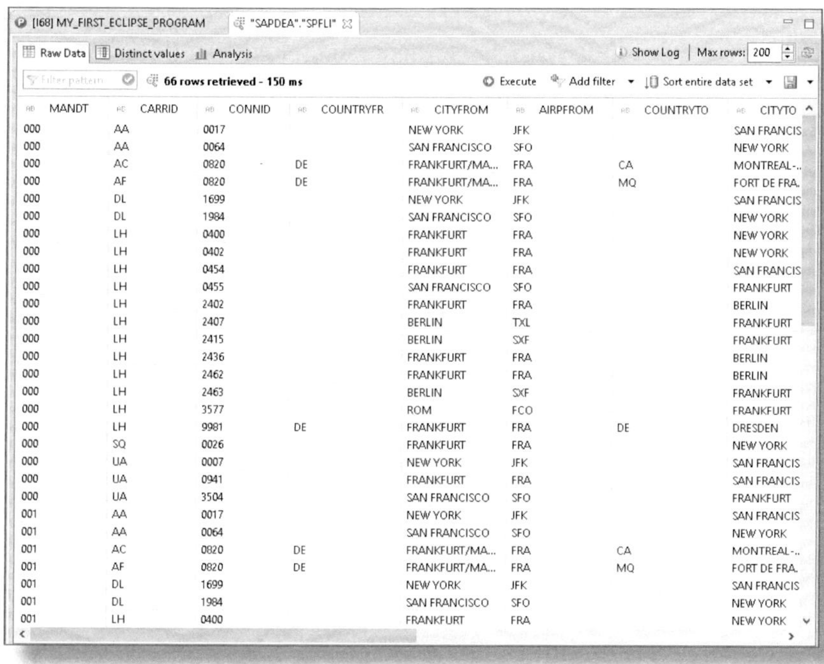

MANDT	CARRID	CONNID	COUNTRYFR	CITYFROM	AIRPFROM	COUNTRYTO	CITYTO
000	AA	0017		NEW YORK	JFK		SAN FRANCIS
000	AA	0064		SAN FRANCISCO	SFO		NEW YORK
000	AC	0820	DE	FRANKFURT/MA...	FRA	CA	MONTREAL-..
000	AF	0820	DE	FRANKFURT/MA...	FRA	MQ	FORT DE FRA.
000	DL	1699		NEW YORK	JFK		SAN FRANCIS
000	DL	1984		SAN FRANCISCO	SFO		NEW YORK
000	LH	0400		FRANKFURT	FRA		NEW YORK
000	LH	0402		FRANKFURT	FRA		NEW YORK
000	LH	0454		FRANKFURT	FRA		SAN FRANCIS
000	LH	0455		SAN FRANCISCO	SFO		FRANKFURT
000	LH	2402		FRANKFURT	FRA		BERLIN
000	LH	2407		BERLIN	TXL		FRANKFURT
000	LH	2415		BERLIN	SXF		FRANKFURT
000	LH	2436		FRANKFURT	FRA		BERLIN
000	LH	2462		FRANKFURT	FRA		BERLIN
000	LH	2463		BERLIN	SXF		FRANKFURT
000	LH	3577		ROM	FCO		FRANKFURT
000	LH	9981	DE	FRANKFURT	FRA	DE	DRESDEN
000	SQ	0026		FRANKFURT	FRA		NEW YORK
000	UA	0007		NEW YORK	JFK		SAN FRANCIS
000	UA	0941		FRANKFURT	FRA		SAN FRANCIS
000	UA	3504		SAN FRANCISCO	SFO		FRANKFURT
001	AA	0017		NEW YORK	JFK		SAN FRANCIS
001	AA	0064		SAN FRANCISCO	SFO		NEW YORK
001	AC	0820	DE	FRANKFURT/MA...	FRA	CA	MONTREAL-..
001	AF	0820	DE	FRANKFURT/MA...	FRA	MQ	FORT DE FRA.
001	DL	1699		NEW YORK	JFK		SAN FRANCIS
001	DL	1984		SAN FRANCISCO	SFO		NEW YORK
001	LH	0400		FRANKFURT	FRA		NEW YORK

Abbildung 1.48: Eclipse – Anzeige aller Datensätze

In der rechten oberen Ecke sehen Sie die maximale Anzahl der in der Vorschau angezeigten Datensätze (hier *200*). Diese können Sie verändern.

> **Data Preview**
>
> In den Benutzereinstellungen können Sie angeben, wie viele Datensätze grundsätzlich über die Funktion »Data Preview« angezeigt werden sollen. Standardmäßig sind 5000 Datensätze voreingestellt. Die Anpassung nehmen Sie unter WINDOW • PREFERENCES • SAP HANA • MODELER • DATA PREVIEW.

Die Datensatzanzeige enthält neben dem Reiter RAW DATA die Reiter DISTINCT VALUES und ANALYSIS. Wenn Sie im Reiter DISTINCT VALUES ein Feld markieren, können Sie für alle Datensätze die diesem Feld zugewiesenen Werte ablesen und wie häufig sie vorkommen.

Ein praktisches Tool von SAP HANA Studio ist die *SQL-Konsole*. Hiermit können Sie schnell SQL-Statements schreiben, die Daten aus den Tabellen des Catalogs selektieren. Sie verwenden die SQL-Konsole wie folgt:

1. Markieren Sie wiederum den Knoten TABLES.
2. Wählen Sie mit der rechten Maustaste im Kontextmenü den Eintrag OPEN SQL CONSOLE.
3. Geben Sie in dem sich öffnenden Editor das Coding aus Listing 1.3 ein.

```
SELECT spfli.carrid, spfli.connid, scarr.carrname,
       spfli.airpfrom, spfli.airpto
       FROM spfli JOIN scarr
       ON scarr.carrid = spfli.carrid;
```

Listing 1.3: Selektion durch Native SQL

4. Drücken Sie den Button EXECUTE .

Im Listing 1.3 sehen Sie, dass in der HANA-Datenbank die ABAP-Anweisungen anders geschrieben werden. Hierbei handelt es sich um natives SQL. Die zu selektierenden Spalten werden durch Kommas getrennt, in Joins erfolgt die Verbindung von Tabelle und Feld durch einen Punkt, und die Anweisung wird durch ein Semikolon beendet.

Wenn Sie in der SQL-Konsole mehrere SQL-Anweisungen durch Semikolon getrennt eingeben, können Sie diese durch einmaliges Anklicken von EXECUTE gemeinsam ausführen. Wenn Sie nur eine oder einen Teil der Anweisungen ausführen möchten, markieren Sie diese vor dem Klick auf EXECUTE.

Mit [Strg] + [Leertaste] können Sie auf die Funktion *Code Completion* und auf Templates zugreifen.

Im Catalog finden Sie des Weiteren einen Knoten mit dem Namen *Public Synonyms*. Objekte werden in Programmen mit ihrem direkten Pfad angesprochen, über den sie erreichbar sind – z. B. die Datenbanktabelle SPFLI in Abbildung 1.47 mit SAPDEA.SPFLI. Unter PUBLIC SYNONYMS können Sie nun eine öffentlich zugängigen Alias hinterlegen, der die lange Pfadangabe ersetzt.

Systemknoten CONTENT

Der *Content* in der Sicht SYSTEMS repräsentiert die Paketstruktur des SAP HANA Repositories, ähnlich den Paketen der ABAP Workbench. Die Pakete enthalten die allgemeinen Entwicklungsobjekte. Ein Paket bildet einen Namensraum, sodass die Namen eines Entwicklungsobjekts nur innerhalb seines Pakets eindeutig sein müssen.

Die Entwicklungsobjekte des Contents sehen Sie in Tabelle 1.3:

Datenbankobjekt	Beschreibung
Package	Ein Paket ist eine Gruppe von Entwicklungsobjekten.
Attribute View	Mit Attribute Views bilden Sie eine Verbindung über mehrere Datenbanktabellen oder für eine Auswahl von Spalten einer Datenbanktabelle.
Analytic View	Mit Analytic Views können Sie selektierte Daten aggregieren.
Calculation View	Für komplexe Kalkulationen, bei denen Attribute Views oder Analytic Views nicht mehr ausreichen. Sie können auch mit SQLScript bearbeitet werden.
Procedure	Datenbankprozeduren: Programme, die direkt in der HANA-Datenbank ausgeführt werden und wiederverwendbar sind.
Decision Table	Entscheidungstabellen für Geschäftsregeln auf der HANA-Datenbank.
Analytic Privilege	Für zeilenweise Einschränkungen auf Sichten. Dieses spielt in ABAP keine Rolle.

Tabelle 1.3: Entwicklungsobjekte des CONTENT-Knotens

! Veraltete Views

Attribute View und Analytic View sind ab Release 7.4 SP5 veraltet (siehe auch Abschnitt 2.6).

Weitere Entwicklungsobjekte lassen sich über die Perspektive SAP HANA DEVELOPMENT bearbeiten.

Von der SAP gelieferte Objekte sind im Unterknoten SAP abgelegt.

1.3.7 Das SAP HANA Repository

Das SAP HANA Repository listet alle Objekte auf, die im Rahmen der Arbeit mit der HANA-Datenbank verwendet werden können. Sie finden es in Eclipse auf der linken Seite der Eclipse-Perspektive SAP HANA DEVELOPMENT (siehe Abbildung 1.49).

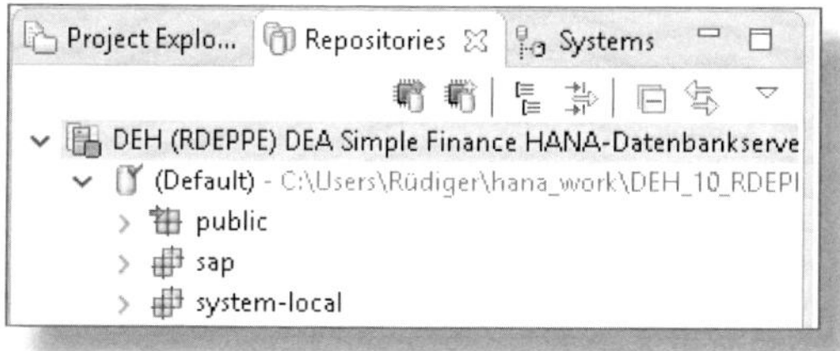

Abbildung 1.49: SAP HANA Repository

Unter dem Paket SAP finden Sie alle Objekte, die von der SAP ausgeliefert werden. Hier können Sie keine eigenen Objekte ablegen. Eigene Pakete lassen sich zu einer Pakethierarchie gestalten und mehrere Pakete zu einer *Delivery Unit* gruppieren, die dann transportiert wird.

Unter dem Paket SYSTEM-LOCAL legen Sie Objekte ab, die nicht transportiert werden sollen.

2 Grundlagen der ABAP-Programmierung für SAP HANA

In diesem Kapitel wenden wir uns den sprachlichen Grundlagen der Arbeit mit SAP HANA zu. Sie lernen mithilfe von Native SQL und SQLScript, Daten zu selektieren. Mit dem Release 7.4 SP5 gab es eine bedeutende Neuerung im Umgang mit SAP HANA: Die Sprache wurde erheblich vereinfacht. Wir stellen Ihnen die Situation sowohl vor als auch nach dem Release 7.4 SP5 vor.

2.1 Übertragung der ABAP-Programmierung vom Applikationsserver nach SAP HANA

Für eine Übertragung der ABAP-Programmierung vom Applikationsserver in den SAP-HANA-Bereich ist, verbunden mit der damit notwendigen sprachlichen Veränderung, eine Übertragung der SQL-Anweisungen von ABAP SQL nach Native SQL erforderlich. Dabei finden auch Namensänderungen (Konvertierungen) von Datentypen statt. Die Datenobjekte des Native SQL werden anders benannt als in ABAP SQL.

Im Einzelnen kommt es zu den in Tabelle 2.1 aufgeführten Konvertierungen.

ABAP-SQL-Typ	Native-SQL-Typ	Länge
ACCP	NVARCHAR	6
CLNT	NVARCHAR	3
CHAR10	NVARCHAR	10
CHAR20	NVARCHAR	20
CUKY	NVARCHAR	5
CURR	DECIMAL	10,2

ABAP-SQL-Typ	Native-SQL-Typ	Länge
DATS	NVARCHAR	8
DEC10_2	DECIMAL	10,2
DF16_RAW	VARBINARY	8
DF34_RAW	VARBINARY	16
DF16_DEC	DECIMAL	10,5
DF34_DEC	DECIMAL	26,5
DF16_SCL	VARBINARY	8
DF16_SCL_SCALE	SMALLINT	
DF34_SCL	VARBINARY	16
DF34_SCL_SCALE	SMALLINT	
INT1	SMALLINT	
INT2	SMALLINT	
INT4	INTEGER	
LANG	NVARCHAR	1
NUMC	NVARCHAR	10
QUAN	DECIMAL	10
RAW100	VARBINARY	100
RAWSTRING	BLOB	
SSTRING	VARBINARY	100
STRING	NCLOB	
TIMS	NVARCHAR	6
UNIT	NVARCHAR	3

Tabelle 2.1: Unterschied ABAP-SQL-Typ und Native-SQL-Typ

Das ABAP Dictionary lässt benutzerspezifische DDIC-Datentypen zu wie

- Datenelemente,
- Strukturen,
- Tabellentypen.

Weder die DDIC-Datentypen noch Domänen sind bei der Modellierung und Programmierung aufgrund des notwendigen speziellen Native-SQL-Typs in SAP HANA direkt verwendbar.

Datenbankindizes werden bei der Migration von Datenbanktabellen nach SAP HANA nicht direkt angelegt, sondern müssen explizit für jede Datenbank aktiviert werden. Diese Aktivierungen sollten nur in Einzelfällen erfolgen. Bei den Column-Store-Tabellen sind die Zugriffszeiten gewöhnlich sehr schnell, sodass ein zusätzlicher Index unnötig wird. Der Zugriff über Sekundärindizes erfordert eine höhere Zugriffszeit. Verwenden Sie diese deshalb nur, wenn ein Zugriff über den Primärindex ausnahmsweise zu lange dauert.

Pool-und Clustertabellen aus dem ABAP Dictionary werden in SAP HANA als normale transparente Tabellen angelegt.

Im herkömmlichen ABAP gibt es keine Repräsentation eines NULL-Wertes. NULL-Werte werden in den Initialwert einer Spalte umgeformt, sodass man nicht sagen kann, ob es sich um einen Initialwert oder eine ausdrückliche Null handelt. Wenn Sie eine SQL-Anweisung als Native SQL über die SQL-Konsole eingeben, erhalten Sie für den NULL-Wert ein »?«.

2.2 ABAP Database Connectivity

Um Native SQL in normalen ABAP-Anwendungen des Applikationsservers leichter nutzen zu können, was Sie im Zusammenhang mit SAP HANA tun sollten, hat die SAP die *ABAP Database Connectivity (ADBC)* erfunden; diese wird objektorientiert verwendet. Es gibt drei Hauptklassen, die in diesem Zusammenhang zum Einsatz kommen:

- CL_SQL_CONNECTION,
- CL_SQL_STATEMENT und
- CL_SQL_RESULT_SET.

In Listing 1.1 und Listing 1.2 hatten wir eine kleine Selektion mit ABAP SQL erstellt. In Listing 2.1 und Listing 2.2 zeigen wir diese Selektion auf der Basis von ADBC.

```
REPORT zselektion_mit_adbc_neues_abap.

TYPES: BEGIN OF type_spfli,
         carrid       TYPE s_carr_id,
         connid       TYPE s_conn_id,
         airport_from TYPE s_fromairp,
         airport_to   TYPE s_toairp,
       END OF type_spfli.

DATA gt_spfli TYPE STANDARD TABLE OF type_spfli.
CONSTANTS gc_lufthansa TYPE s_carr_id VALUE 'LH'.

* Variablen füllen
DATA(gv_statement)
         = |SELECT carrid, connid, airpfrom, airpto |
        && |FROM spfli |
        && |WHERE mandt = { sy-mandt } |
        && |AND carrid = '{ gc_lufthansa }'|.

TRY.
* Select vorbereiten
    DATA(go_connection) =
                cl_sql_connection=>get_connection( ).
    DATA(go_statement) = go_connection->create_statement( ).

* Select durchführen
    DATA(go_result_set) = go_statement->execute_query(
                                             gv_statement ).
    go_result_set->set_param_table( REF #( gt_spfli ) ).
    go_result_set->next_package( ).
    go_result_set->close( ).
  CATCH cx_sql_exception INTO DATA(gx_exception).
    DATA(gv_error_message) = gx_exception->get_text( ).
    MESSAGE gv_error_message TYPE 'E'.
ENDTRY.
```

```
LOOP AT gt_spfli
    ASSIGNING FIELD-SYMBOL(<gs_spfli>).
  WRITE: / <gs_spfli>-carrid,
           <gs_spfli>-connid,
           <gs_spfli>-airport_from,
           <gs_spfli>-airport_to.
ENDLOOP.
```

Listing 2.1: Selektion mit ADBC (neues ABAP)

```
REPORT zselektion_mit_adbc_altes_abap.

TYPES: BEGIN OF type_spfli,
         carrid       TYPE s_carr_id,
         connid       TYPE s_conn_id,
         airport_from TYPE s_fromairp,
         airport_to   TYPE s_toairp,
       END OF type_spfli.

DATA: gv_statement     TYPE string,
      go_connection    TYPE REF TO cl_sql_connection,
      go_statement     TYPE REF TO cl_sql_statement,
      go_result_set    TYPE REF TO cl_sql_result_set,
      gt_spfli         TYPE STANDARD TABLE OF type_spfli,
      gr_spfli         TYPE REF TO data,
      gx_exception     TYPE REF TO cx_sql_exception,
      gv_error_message TYPE string.
CONSTANTS gc_lufthansa TYPE s_carr_id VALUE 'LH'.
FIELD-SYMBOLS <gs_spfli> LIKE LINE OF gt_spfli.

* Variablen füllen
CONCATENATE 'SELECT carrid, connid, airpfrom, airpto'
            'FROM spfli'
            'WHERE mandt ='sy-mandt
            'AND carrid = '''
            INTO gv_statement
            SEPARATED BY space.
```

```
CONCATENATE gv_statement
            gc_lufthansa
            ''''
            INTO gv_statement.

GET REFERENCE OF gt_spfli INTO gr_spfli.

TRY.
* Select vorbereiten
    go_connection = cl_sql_connection=>get_connection( ).
    go_statement  = go_connection->create_statement( ).

* Select durchführen
    go_result_set = go_statement->execute_query(
                             gv_statement ).
    go_result_set->set_param_table( gr_spfli ).
    go_result_set->next_package( ).
    go_result_set->close( ).
  CATCH cx_sql_exception INTO gx_exception.
    gv_error_message = gx_exception->get_text( ).
    MESSAGE gv_error_message TYPE 'E'.
ENDTRY.

LOOP AT gt_spfli
     ASSIGNING <gs_spfli>.
  WRITE: / <gs_spfli>-carrid,
           <gs_spfli>-connid,
           <gs_spfli>-airport_from,
           <gs_spfli>-airport_to.
ENDLOOP.
```

Listing 2.2: Selektion mit ADBC (altes ABAP)

Als Erstes holen Sie sich eine Datenbankverbindung mithilfe der Methode GET_CONNECTION der Klasse CL_SQL_CONNECTION. Sofern Sie auf eine sekundäre Datenbankverbindung zugreifen wollen, geben Sie diese als Parameter an. Ohne Parameter greifen Sie auf die Standarddatenbankverbindung zu. Mit dem Ergebnis dieser Methode, einem Objekt vom Typ CL_SQL_CONNECTION, rufen Sie die Instanzmethode CREATE_STATEMENT, aus der Sie ein Objekt vom Typ CL_SQL_STATEMENT erhalten. Diese Klasse besitzt u. a. die Methoden EXECUTE_QUERY und EXECUTE_UPDATE. Mit der Methode EXECUTE_QUERY führen Sie die Selektion der Datenbank aus und erhalten eine Instanz vom Typ CL_SQL_RESULT_SET, die das Ergebnis der Selektion enthält. Mit der Methode EXECUTE_UPDATE schreiben bzw. löschen Sie Daten von der Datenbank. Ein Beispiel zum Löschen von Daten ist in Listing 2.3 dargestellt. Durch den Befehl `COMMIT CONNECTION` wird die LUW abgeschlossen, und die Daten werden von der Datenbank entfernt.

Wichtig ist, dass die Ergebnisstruktur bzw. -tabelle vom selben Typ wie die selektierten Spalten (kein CORRESPONDING INTO) und die zu selektierenden Spalten durch ein Komma voneinander getrennt sein müssen.

```
REPORT zloeschen_mit_adbc.

TRY.
* Verbindung vorbereiten
   DATA(go_connection)
         = cl_sql_connection=>get_connection( ).
   DATA(go_statement)
         = go_connection->create_statement( ).

* Daten löschen
   DATA(gv_cnt) = go_statement->execute_update( 'DELETE
                  FROM scarr' ).
 CATCH cx_sql_exception INTO gx_exception.
   DATA(gv_error_message) = gx_exception->get_text( ).
   MESSAGE gv_error_message TYPE 'E'.
ENDTRY.

COMMIT CONNECTION.
```

Listing 2.3: Daten löschen und neu einfügen mit ADBC (neues ABAP)

! Nachteile von Native SQL

Bei Native SQL existiert keine automatische Mandantenbehandlung, sodass der Mandant bei den SQL-Anweisungen (bei Selektion und bei Datenbankverbuchung) ausdrücklich angegeben werden muss. Außerdem kann Native SQL keinen ABAP-Tabellenpuffer nutzen und kein FOR ALL ENTRIES.

Die Methode NEXT_PACKAGE von CL_SQL_RESULT_SET überführt die Daten von Native SQL in die ABAP-Variablen. Anschließend muss die Selektion geschlossen werden.

Im Fehlerfall wird die Ausnahme CX_SQL_EXCEPTION geworfen. Allerdings werden Fehler im nativen SQL erst zur Laufzeit erkannt und sollten deshalb bei der Entwicklung in der SQL-Konsole von SAP HANA Studio getestet werden.

Für SQL-Anweisungen mit JOIN-Verbindungen, die in ABAP SQL zur Kennzeichnung der Tabellenspalten die Tilde verwenden (siehe Beispiel in Listing 2.4), muss bei nativem SQL ein Punkt gesetzt werden (Listing 2.5).

```
SELECT spfli~carrid, spfli~connid, scarr~carrname,
       spfli~airpfrom, spfli~airpto
       FROM spfli JOIN scarr
       ON scarr~carrid = spfli~carrid.
```

Listing 2.4: JOIN-Select mit ABAP SQL

```
SELECT spfli.carrid, spfli.connid, scarr.carrname,
       spfli.airpfrom, spfli.airpto
       FROM spfli JOIN scarr
       ON scarr.carrid = spfli.carrid;
```

Listing 2.5: JOIN-Select mit nativem SQL

Für folgenden Quellcode mit mehreren separaten Methoden-Aufrufen ...

```
DATA(go_connection)
              = cl_sql_connection=>get_connection( ).
DATA(go_statement) = go_connection->create_statement( ).
DATA(go_result_set) = go_statement->execute_query(
                                      gv_statement ).
```

... kann man deutlich verkürzt schreiben:

```
DATA(go_result_set) = cl_sql_connection=>get_connection(
)->create_statement( )->execute_query( gv_statement ).
```

Hier wird die nachfolgende Methode mit der Rückgabe der vorherigen Methode aufgerufen. Beispielsweise wird die Methode `CREATE_STATEMENT( )` mit Rückgabe der Methode `GET_CONNECTION( )` direkt aufgerufen, ohne dass die Rückgabe in einer Variable gespeichert werden muss.

2.3 Sekundäre Datenbankverbindungen

Bisher haben Sie es bei Ihren ABAP-Programmierungen immer mit nur einer Datenbank zu tun gehabt, auf der alle Ihre Datenbanktabellen gelagert waren. Vor allem bei HANA-Side-by-Side-Szenarien müssen Sie aber mit mehreren Datenbanken arbeiten. Die anderen Datenbanken bezeichnet man als *sekundäre Datenbanken* bzw. *sekundäre Datenbankverbindungen*.

Ihr Programm liest die Daten gewöhnlich von der HANA-Datenbank. Sie können aber auch direkt auf die sekundäre Datenbankverbindung zugreifen, um v. a. Lesezugriffe zu beschleunigen.

Zur Verwaltung der sekundären Datenbankverbindungen steht dem Systemadministrator die Transaktion *DBACOCKPIT* zur Verfügung. Bei dem Select in Listing 2.6 nehmen wir an, dass eine sekundäre Datenbankverbindung mit dem Namen SECOND existiert.

```
SELECT carrid connid
       INTO ls_spfli
       FROM spfli
       CONNECTION ('SECOND')
       WHERE carrid = 'LH'.
```

Listing 2.6: Sekundäre Datenbankverbindung mit ABAP SQL

In Listing 2.7 sehen Sie die Verwendung einer sekundären Datenbankverbindung mit ADBC.

```
go_connection = cl_sql_connection=>get_connection(
                  'SECOND' ).
go_statement  = go_connection->create_statement( ).
```

Listing 2.7: Sekundäre Datenbankverbindung mit ADBC

2.4 Natives SQL in SAP HANA Studio

In Abschnitt 2.2 haben Sie gesehen, wie Sie natives SQL mithilfe von ADBC in normalen ABAP-Programmen verwenden können.

In diesem Abschnitt befassen wir uns mit dem Einsatz von nativem SQL im Eclipse-basierten SAP HANA Studio.

2.4.1 Dynamisches Anlegen von Tabellen und Views

Native SQL bietet Ihnen die Möglichkeit, in Ihrem Programm zur Laufzeit DDIC-Objekte (Tabellen und Views) anzulegen.

Mithilfe der Anweisung `CREATE TABLE` erzeugen Sie eine Datenbanktabelle. In diesem Fall wird eine Row-Store-Tabelle angelegt. Für eine Column-Store-Tabelle, welche die übliche Tabellenform in SAP HANA darstellt, verwenden Sie die Anweisung `CREATE COLUMN TABLE`.

```
CREATE COLUMN TABLE "ZAIRPLANE"
("MANDT" NVARCHAR(3) DEFAULT '000' NOT NULL,
"TYPE" NVARCHAR(6) DEFAULT '' NOT NULL,
"MODEL" NVARCHAR(5) DEFAULT '' NOT NULL,
"SEATS" SMALLINT,
"MOTOR" SMALLINT,
PRIMARY KEY ("MANDT", "TYPE", "MODEL"));
```

Listing 2.8: Dynamisches Anlegen einer Datenbank-Tabelle

In Listing 2.8 wird eine Datenbanktabelle mit Namen ZAIRPLANE angelegt, die aus den Feldern MANDT, TYPE, MODEL, SEATS und MOTOR besteht. Der Primärschlüssel besteht aus den Feldern MANDT, TYPE und MODEL. NVARCHAR und SMALLINT sind native Datentypen für SAP-HANA-Datenbanken. Wir erinnern uns: Anweisungen werden in Native SQL mit dem Semikolon abgeschlossen. Nachdem Sie die Anweisung ausgeführt haben, finden Sie die neue DB-Tabelle im Schema Ihrer Benutzer-ID des Datenbankkatalogs.

In Listing 2.9 sehen Sie, wie ein Datenbank-View mit Namen ZFLIGHT dynamisch angelegt wird.

```
CREATE VIEW zflight
AS SELECT sflight.mandt, sflight.carrid, sflight.connid,
          sflight.fldate, sbook.customid
          FROM sapdea.sflight INNER JOIN sapdea.sbook
          ON sflight.carrid = sbook.carrid
          AND sflight.connid = sbook.connid
          AND sflight.fldate = sbook.fldate;
```

Listing 2.9: Dynamisches Anlegen eines Datenbank-Views

Die DB-Tabellen SFLIGHT und SBOOK, aus denen der View bestehen soll, stehen in diesem Beispiel im Datenbankschema SAPDEA. Die Nennung des Schemas ist immer dann erforderlich, wenn die Selektion in einem anderen Schema, i. d. R. mit der Benutzer-ID bezeichnet, durchgeführt wird.

Im normalen ABAP-DDIC besteht ein View immer aus einem *Inner Join*, bei dem Daten in beiden DB-Tabellen vorhanden sein müssen. In ABAP SQL kann man innerhalb des Programms noch einen *Left Outer Join* erstellen, bei dem Daten aus der linken Datenbanktabelle selektiert und mit den Daten aus der rechten Tabelle ergänzt werden. Wenn es in der rechten Tabelle keinen Treffer zu einem selektierten Datensatz gibt, wird der Wert `NULL` zurückgegeben.

SAP HANA kennt außer dem Inner Join und dem Left Outer Join auch einen *Right Outer Join*, bei dem Daten ausschließlich in der rechten Datenbanktabelle vorkommen und, falls vorhanden, mit den Daten aus der linken Tabelle ergänzt werden. Als Beispiel seien die beiden folgenden Tabellen gegeben, die im Anschluß mit einem *Left Outer Join* und einem *Right Outer Join* verknüpft werden.

CONNID	FLDATE	PLANETYP
17	19.12.2020	747-400
555	19.12.2020	737-800
789	21.12.2020	A340-600

Tabelle 2.2: Tabelle SFLIGHT mit Flugdaten

CONNID	FLDATE	BOOKID	CUSTOMID
17	19.12.2020	61	3487
555	19.12.2020	71	4792
675	22.12.2020	98	5325

Tabelle 2.3: Tabelle SBOOK mit Buchungsdaten

Der Join erfolgt über das Feld `CONNID`. Beim *Left Outer Join* mit der Selektion der Ergebnis-Felder `SFLIGHT.PLANETYP` und `SBOOK.CUSTOMID` aus Tabelle 2.2 und Tabelle 2.3 wird das Ergebnis in Tabelle 2.4 zurückgegeben. Da in der Tabelle `SBOOK` kein Eintrag zur `CONNID` 789 vorhanden ist, wird beim *Left Outer Join* der Wert `NULL` im Ergebnis übernommen.

SFLIGHT.PLANETYPE	SBOOK.CUSTOMID
747-400	3487
737-800	4792
A340-600	NULL

Tabelle 2.4: Ergebnis eines Left Outer Join

Die gleiche Selektion mit einem Right Outer Join liefert ein leicht abweichendes Ergebnis wie in Tabelle 2.5. In der Tabelle `SFLIGHT` ist kein Eintrag zur `CONNID` 675 vorhanden, daher wird beim letzten Datensatz des Ergebnisses im Feld `SFLIGHT.PLANETYPE` der Wert `NULL` zurückgegeben.

SFLIGHT.PLANETYPE	SBOOK.CUSTOMID
747-400	3487
737-800	4792
NULL	5325

Tabelle 2.5: Ergebnis eines Right Outer Join

2.4.2 Die SELECT-Anweisung in SAP HANA

In der SELECT-Anweisung aus Listing 2.10 können Sie sehr gut das Prinzip des *Code Pushdowns* erkennen. Berechnungsfunktionen, die im herkömmlichen ABAP **nach** der SELECT-Anweisung ausgeführt werden müssen, kann man bei Native SQL **während** der SELECT-Anweisung auf die Datenbank verlegen.

```
SELECT CONCAT(carrid, connid) AS "Verbindung",
       passname AS "Passagier",
       to_date(fldate) AS "Flugdatum",
       to_date(order_date) AS "Buchungsdatum",
       CONVERT_CURRENCY(amount =>loccuram,
                        "SOURCE_UNIT_COLUMN"=>loccurkey,
                        "SCHEMA"            =>'SAPDEA',
```

```
                  "TARGET_UNIT_COLUMN"=>'EUR',
                  "REFERENCE_DATE" =>current_utcdate,
                  "CLIENT"=>'100') AS "Preis (EUR)"
FROM sapdea.sbook
WHERE DAYS_BETWEEN(order_date, fldate) < 100
  AND contains(passname, 'Max Mustermann',
                 FUZZY(0.8))
ORDER BY fldate DESC
LIMIT 10;
```

Listing 2.10: SELECT-Anweisung in Native SQL in SAP HANA

Über die CONCAT-Funktion werden in Listing 2.10 mehrere Datenfelder miteinander verknüpft. Andere Textverarbeitungsfunktionen sind z. B. SUBSTRING zum Lesen von Textfragmenten oder UPPER/LOWER zur Groß- bzw. Kleinschreibung.

Über TO_DATE findet eine Datumkonvertierung vom internen in das externe Format statt. Mithilfe von DAYS_BETWEEN können Datumsintervalle selektiert werden. CURRENT_UTCDATE beinhaltet das aktuelle Systemdatum.

CONVERT_CURRENCY führt Währungskonvertierungen und UNIT_CONVERSION Einheitenkonvertierungen durch.

CONTAINS initiiert die Textsuche, wobei mithilfe der FUZZY-Angabe Daten gesucht werden können, die nur annähernd der Angabe MAX MUSTERMANN entsprechen.

Die Angabe LIMIT begrenzt die Datenausgabe auf zehn Datensätze.

Wenn Sie in der SQL-Konsole Ihres SAP-HANA-Eclipse auf AUSFÜHREN drücken, können Sie das Ergebnis dieser Selektion sehen. Dabei handelt es sich um eine Ausgabetabelle mit Spaltennamen, die jeweils hinter AS angegeben sind.

2.5 SQLScript

Sie sind nun mit dem ABAP-SQL-Select, das Sie in normalen ABAP-Programmen des Applikationsservers verwenden, und dem Native SQL für den SAP-HANA-Bereich vertraut. Als Drittes lernen Sie in diesem Abschnitt *SQLScript* kennen, welches Sie in Datenbankprozeduren, Calculation Views von SAP HANA sowie den CDS-Views verwenden. *Datenbankprozeduren*, auch Stored Procedures genannt, sind Selektionen als Codefragmente, die zwecks Wiederverwendung auf der SAP-HANA-Datenbank abgelegt werden, ähnlich den Ihnen bekannten Funktionsbausteinen auf dem Applikationsserver. *Calculation Views* sind Sichtweisen auf die Datenbank, die wir Ihnen in Abschnitt 2.6.3 noch vorstellen werden.

Eine Besonderheit von SQLScript ist, dass Sie die SELECT-Anweisung nicht nur für Datenbankabfragen, sondern auch für Abfragen in internen Tabellen verwenden.

Die Selektion in Listing 2.11 stellt ein SQL-Script in einer Datenbankprozedur dar, wobei IT_SFLIGHTS und IV_MANDT Importparameter sind und ET_FLIGHTS ein Exportparameter ist. Dies ist ein Beispiel für eine SELECT-Anweisung an einer internen Tabelle.

```
et_flights =
SELECT a.carrid, a.connid, a.fldate, b.customid
     FROM :it_sflights AS a INNER JOIN sapdea.sbook AS b
     ON a.mandt = b.mandt
     AND a.carrid = b.carrid
     AND a.connid = b.connid
     AND a.fldate = b.fldate
     WHERE a.mandt = :iv_mandt;
```

Listing 2.11: Einfache Selektion mit SQLScript

Variablen werden im lesenden Zugriff mit einem zusätzlichen Doppelpunkt aufgerufen. Die DB-Tabelle SBOOK steht im Schema SAPDEA.

In Listing 2.12 sehen Sie eine umfangreiche Selektion von Flugdaten mit SQLScript, die aber aufgrund der schlechten Lesbarkeit (eingebettete zweite Selektion) weniger zu empfehlen ist. Stattdessen sollten Sie zwei separate Selektionen durchführen.

```
et_flights =
SELECT a.carrid, a.connid, a.fldate, b.customid
       FROM ( SELECT TOP 10 c.carrid, c.connid,
                            SUM(d.seatsocc)
              FROM sapdea.spfli AS c
              INNER JOIN sapdea.sflight AS d
              ON c.mandt = d.mandt
              AND c.carrid = d.carrid
              AND c.connid = d.connid
              WHERE c.mandt = :iv_mandt
              AND c.carrid = 'LH'
              GROUP BY a.carrid, a.connid
              ORDER BY SUM(d.seatsocc) DESC ) AS a
      INNER JOIN sapdea.sbook AS b
      ON a.mandt = b.mandt
      AND a.carrid = b.carrid
      AND a.connid = b.connid
      AND a.fldate = b.fldate
      WHERE a.mandt = :iv_mandt;
```

Listing 2.12: Umfangreiche Selektion mit SQL-Script

In dieser Selektion werden Flugdaten (CARRID, CONNID, FLDATE sowie die CUSTOMID) selektiert. Mithilfe der Anweisung `TOP 10` in der eingebettenen zweiten Selektion werden Ihnen nur die zehn Datensätze angezeigt, die die meisten Sitzbelegungen haben.

Einzelne Selektionen können vom Datenbankoptimierer auch parallel ausgeführt werden, wenn diese unabhängig voneinander sind.

Die Datenbankprozeduren und Calculation Views lassen sich alternativ mit Fallunterscheidungen (`IF...THEN...ELSEIF...THEN...ELSE...END IF`) oder Schleifen (`WHILE...ENDWHILE`) ergänzen. Wenn Sie sich innerhalb einer WHILE … DO … END WHILE-Schleife befinden, können Sie diese mithilfe der folgenden BREAK-Anweisung verlassen:

```
IF Bedingung THEN Select 1
ELSE Select 2
END IF;
```

Sie können aber auch eine Fallunterscheidung in die Selektionskriterien einbauen, wie Sie in Listing 2.13 sehen:

```
ET_FLIGHTS =
SELECT carrid, connid, CASE WHEN fltime < '120000'
                            THEN 'Early'
                            ELSE 'Late'
                       END AS time
       FROM sapdea.spfli
       WHERE a.mandt = :iv_mandt;
```

Listing 2.13: Fallunterscheidung in Selektionskriterien

Auf eine Selektion in einer Schleifenverarbeitung sollten Sie wegen der erhöhten Laufzeit möglichst verzichten.

2.5.1 HANA-Datenbankprozeduren (gebräuchlich bis Release 7.4 SP4)

Bei HANA-Datenbankprozeduren handelt es sich um gekapselte SQL-Anweisungen, die wie Funktionsbausteine oder Klassenmethoden über Ein- und Ausgabeparameter verfügen und wiederverwendbar sind. So können Berechnungen bzw. Regeln an zentraler Stelle definiert werden und müssen nicht mehr in jeder Anwendung einzeln vorgenommen werden.

Es gibt Datenbankprozeduren, die Daten nur lesen (*Read Only Procedures*), und solche, die Daten lesen und schreiben (*Read Write Procedures*). Während Letztere sowohl Read Only als auch andere Read Write Procedures aufrufen können, lassen sich mit Read Only Procedures nur Prozeduren desselben Typs aufrufen.

Ablösung der HANA-Datenbankprozeduren

Die HANA-Datenbankprozeduren sind nur bis Release 7.4 SP4 gebräuchlich und werden danach von ABAP-Datenbankprozeduren abgelöst.

Die Anlage, Änderung und Löschung von HANA-Datenbankprozeduren erfolgt über SQL-Anweisungen oder ein Framework, das die SQL-Anweisungen selbstständig erzeugt:

- `Create Procedure`
  Mit dieser Anweisung werden Datenbankprozeduren angelegt.
- `Create Type`
  ist eine Anweisung, mithilfe derer Sie einen Tabellentyp anlegen, den Sie in der Schnittstelle der Datenbankprozedur verwenden können.
- `Drop Procedure`
  Hiermit löschen Sie eine Datenbankprozedur.
- `Alter Procedure`
  führt zu einer Neugenerierung der Datenbankprozedur.
- `Call`
  Hiermit rufen Sie eine Datenbankprozedur innerhalb eines Programms auf.

Um eine Datenbankprozedur produktiv nutzen zu können, sollten, Sie sie mit der SQL-Konsole in der Perspektive SAP HANA DEVELOPMENT anlegen, weil sie nur dann im SAP HANA REPOSITORY zur Verfügung steht.

Berechtigungsprobleme

Wenn Sie für das Systemschema (bestehend aus SAP und System-ID) keine Berechtigung haben, wird es vermutlich mit dem Schema funktionieren, das Ihrer Benutzer-ID gleicht.

Bevor wir Datenbankprozeduren anlegen, möchten wir Ihnen kurz erläutern, wie Sie Tabellentypen für Schnittstellen von Datenbankprozeduren erstellen.

Anlage von Tabellentypen

In der Schnittstelle von Datenbankprozeduren können Sie Tabellen nutzen, die sich entweder auf eine Datenbanktabelle oder auf einen Tabellentyp beziehen.

Mit `CREATE TYPE` wird in Listing 2.14 der Tabellentyp angelegt, dessen Name in `<type_name>` eingesetzt wird. `<column_definition>` steht für den Namen der Spalte und dessen Datentyp.

```
CREATE TYPE <type_name> AS TABLE (<column_definition>[{,<
column_definition>}...])
```

Listing 2.14: Anweisung zum Anlegen eines Tabellentyps

Im Katalog wird der aus zwei Spalten bestehende Tabellentyp TT_FLIGHTS im Datenbankschema Ihrer Benutzer-ID angelegt (siehe Listing 2.15). Sie finden ihn anschließend unter PROCEDURES • TABLE TYPES.

```
CREATE TYPE tt_flights AS TABLE (
   carrid NVARCHAR(3),
   connid NVARCHAR(4));
```

Listing 2.15: Anlage des Tabellentyps TT_FLIGHTS

Anlage von HANA-Datenbankprozeduren

Zum Anlegen einer Datenbankprozedur wählen Sie zunächst im Katalog in einem Datenbankschema den Ordner PROCEDURES und dann im Kontextmenü OPEN SQL CONSOLE.

Dort geben Sie in den Editor das Coding aus Listing 2.16 ein.

```
CREATE [OR REPLACE] PROCEDURE <proc_name> [(<parameter_
clause>)] [LANGUAGE <lang>] [SQL SECURITY <mode>] [DEFAULT
SCHEMA <default_schema_name>]
 [READS SQL DATA [WITH RESULT VIEW <view_name>]]
 [WITH ENCRYPTION] AS
 BEGIN [SEQUENTIAL EXECUTION]
   <procedure_body>
 END;
```

Listing 2.16: Anweisung zum Anlegen einer Datenbankprozedur

- Mithilfe der Anweisung `CREATE PROCEDURE` wird in Listing 2.16 die Datenbankprozedur angelegt.
- Mit der Option `OR REPLACE` kann eine bestehende Datenbankprozedur geändert werden.
- `<proc_name>` steht für den Namen der Datenbankprozedur.
- Bei `<parameter_clause>` können Sie die Schnittstellenparameter einsetzen.
- `LANGUAGE` steht für die verwendete Programmiersprache.
- Für `<lang>` setzen Sie den Wert *SQLSCRIPT* ein, da wir hier mit SQLScript programmieren. Eine Datenbankprozedur kann man auch in der Programmiersprache R entwickeln. Dann müsste dort *R* stehen.
- `SQL SECURITY` steht für die Berechtigungsprüfung.
- Als `<mode>` erwartet das Programm die Angabe, für wen die Berechtigung geprüft werden soll: *DEFINER* wäre der Anleger der Prozedur und *INVOKER* dessen Aufrufer. In der Praxis wird normalerweise *INVOKER* verwendet.
- Als `DEFAULT SCHEMA` können Sie ein Datenbankschema angeben, sodass Sie dieses nicht mehr in der Selektion für die Datenbanktabellen angeben müssen.
- `READS SQL DATA` wählen Sie, wenn Sie eine Datenbankprozedur als Read Only Procedure anlegen möchten, diese also nur lesenden Zugriff auf die Daten haben soll. Dabei können Sie über

`WITH RESULT VIEW` für das Ergebnis einen View anlegen und diesen dann direkt in einer anderen SELECT-Anweisung verwenden, um so das Selektionsergebnis der Datenbankprozedur zu nutzen. Wir werden in Abschnitt 2.5.2 benutzerdefinierte Funktionen kennenlernen, die sich ebenfalls in SELECT-Anweisungen einbinden lassen.

- Der Zusatz `WITH ENCRYPTION` bewirkt, dass der Quellcode bzw. die Verarbeitungslogik verschlüsselt wird und somit für den Anwender nicht sichtbar ist.
- Zwischen `BEGIN` und `END` kommt die Verarbeitungslogik mit der Selektion rein. Dabei können Sie über `SEQUENTIAL EXECUTION` eine parallele Ausführung der Datenbankprozedur verhindern. Sie ist dann nur sequenziell ausführbar.

In Listing 2.17 wird beispielhaft die Datenbankprozedur *ProcWithResultView* angelegt.

```
CREATE PROCEDURE ProcWithResultView(
       IN iv_luggweight DECIMAL(8,4),
       OUT es_sbook SAPDEA.SBOOK)
 LANGUAGE SQLSCRIPT
 READS SQL DATA WITH RESULT VIEW ProcView AS
 BEGIN
   es_sbook = SELECT *
                    FROM SAPDEA.SBOOK
                    WHERE mandt = '100'
                      AND luggweight = :iv_luggweight;
 END;
```

Listing 2.17: Beispiel-Anlage einer Datenbankprozedur

Sie besitzt den Eingabeparameter IV_LUGGWEIGHT mit Datentyp DECIMAL (Länge 8 mit vier Kommastellen) und den Ausgabeparameter ES_SBOOK mit der Struktur SBOOK des Systemschemas SAPDEA. Der daraus resultierende View »ProcView« kann in anderen Selektionen verwendet werden, um die bereits in der Datenbankprozedur durchgeführte Selektion zu nutzen.

```
CREATE PROCEDURE flights(
    IN iv_mandt NVARCHAR(3),
    IN iv_carrid NVARCHAR(3),
    OUT et_flights RDEPPE.TT_FLIGHTS ) AS
BEGIN
  lt_sbook = SELECT carrid, connid, customid
                    FROM sapdea.sbook
                    WHERE mandt  = :iv_mandt
                      AND carrid = :iv_carrid;

  et_flights = SELECT carrid, connid
                      FROM :lt_sbook
                      WHERE carrid = 'LH';
END;
```

Listing 2.18: Selektion mit Eingabe- und Ausgabeparametern

In Listing 2.18 gibt es die Eingabeparameter IV_MANDT und IV_CARRID sowie den Ausgabeparameter ET_FLIGHTS. Wir haben für ET_FLIGHTS den Tabellentyp TT_FLIGHTS im Datenbankschema RDEPPE angenommen. Über eine Selektion wird zunächst der Inhalt einer neuen Tabellenvariablen LT_SBOOK ermittelt. Dabei werden die zu lesenden Variablen IV_MANDT und IV_CARRID mit einem Doppelpunkt am Beginn des Wortes ergänzt. Aus LT_SBOOK wird daraufhin der Inhalt der Tabelle ET_FLIGHTS selektiert.

Wir sehen hier, dass der Inhalt sowohl aus Datenbanktabellen als auch aus Tabellenvariablen mithilfe einer SELECT-Anweisung gelesen wird.

Arbeiten mit skalaren Variablen in Datenbankprozeduren

Einzelne Variablen (sogenannte *skalare Variablen*) werden in Datenbankprozeduren nicht mit DATA, sondern mit DECLARE angelegt. Die Wertübertragung von einer Variablen auf eine andere erfolgt nicht mit »=«, sondern mit »:=«. Beim Auslesen von Variablen wird der Variablenname mit dem Präfix »:« ergänzt, die zu füllenden Variablen werden aber nur mit ihrem Variablennamen bezeichnet. Ein Beispiel dafür sehen Sie in Listing 2.19.

```
CREATE PROCEDURE flights_1(
   IN iv_mandt NVARCHAR(3),
   IN iv_carrid NVARCHAR(3),
   OUT et_flights RDEPPE.TT_FLIGHTS ) AS
BEGIN
  DECLARE lv_lines_sbook INTEGER;
  DECLARE lv_lines_flights INTEGER;
  DECLARE lv_lines_total INTEGER;
  DECLARE lv_count INTEGER;

  lt_sbook = SELECT carrid, connid, customid
                  FROM sapdea.sbook
                  WHERE mandt  = :iv_mandt
                    AND carrid = :iv_carrid;
  SELECT count(*)
         INTO lv_lines_sbook
         FROM :lt_sbook;

  et_flights = SELECT carrid, connid
                    FROM :lt_sbook
                    WHERE carrid = 'LH';
  SELECT count(*)
         INTO lv_lines_flights
         FROM :et_flights;

  lv_lines_total := :lv_lines_sbook + :lv_lines_flights;

  IF :lv_lines_total > 10
  THEN lv_lines_total := 4;
  ELSEIF :lv_LInes_total > 5
  THEN lv_lines_total := 3;
  ELSE lv_lines_total := 2;
  END IF;
END;
```

Listing 2.19: Arbeiten mit Variablen in Datenbankprozeduren

Hier wird die jeweilige Anzahl von Tabellenzeilen der internen Tabellen LT_SBOOK und ET_FLIGHTS ermittelt, dann werden die Zeilen addiert. Mithilfe einer IF-Anweisung wird anschließend der Inhalt von LV_LINES_TOTAL verändert.

Selektion nach skalaren Variablen und Tabellen bei SAPscript

```
CREATE PROCEDURE flight_price(
       IN iv_mandt NVARCHAR(3),
       IN iv_carrid NVARCHAR(3),
       IN iv_connid NVARCHAR(4),
       OUT ev_price DECIMAL(15,2) )
 LANGUAGE SQLSCRIPT
 READS SQL DATA AS
 BEGIN
   SELECT price
          INTO ev_price
          FROM sapdea.sflight
          WHERE mandt  = :iv_mandt
            AND carrid = :iv_carrid
            AND connid = :iv_connid
            AND fldate = '19950228';

  lt_sbook = SELECT carrid, connid, customid
                    FROM sapdea.sbook
                    WHERE mandt  = :iv_mandt
                      AND carrid = :iv_carrid;
 END;
```

Listing 2.20: Unterschied der Selektion nach skalaren Variablen und Tabellen

In Listing 2.20 sehen Sie den Unterschied der Selektion nach skalaren Variablen und nach Tabellen. Bei Ersterer gibt es einen INTO-Zusatz, bei der Selektion nach Tabellen erfolgt die Zuweisung mittels »=«.

Anlage von Datenbankprozeduren mithilfe eines Wizards

Alternativ zu der soeben gezeigten Anlage von Datenbankprozeduren mittels SQLScript können Sie dafür auch einen Wizard einsetzen. Bevor Sie damit beginnen, benötigen Sie zunächst ein XS-Projekt und einen Repository Workspace.

1. Wählen Sie die Perspektive SAP HANA DEVELOPMENT mit der Ansicht PROJECT EXPLORER.
2. Wählen Sie im Menü FILE • NEW • XS PROJECT.
3. Es erscheint ein Pop-up, wie Sie es in Abbildung 2.1 sehen. Geben Sie eine Bezeichnung in das Feld PROJECT NAME ein und drücken Sie den Button NEXT.

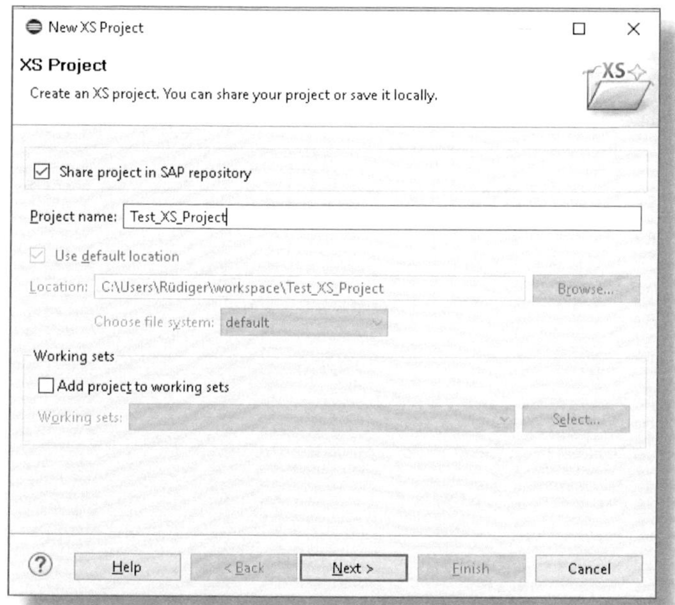

Abbildung 2.1: Anlegen eines XS-Projekts

4. Es erscheint ein Fenster gemäß Abbildung 2.2. Drücken Sie auf den Button ADD WORKSPACE.

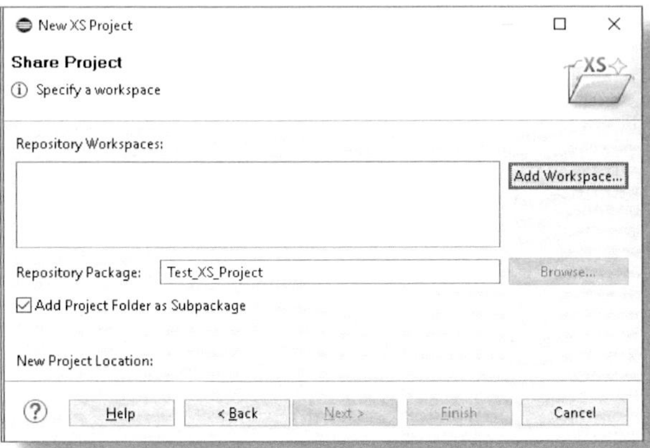

Abbildung 2.2: Hinzufügen eines Workspaces

5. In dem sich öffnenden Pop-up (Abbildung 2.3) wählen Sie über ADD SYSTEM ein SAP HANA SYSTEM aus und aktivieren die Checkbox USE DEFAULT WORKSPACE. Drücken Sie danach den Button FINISH.

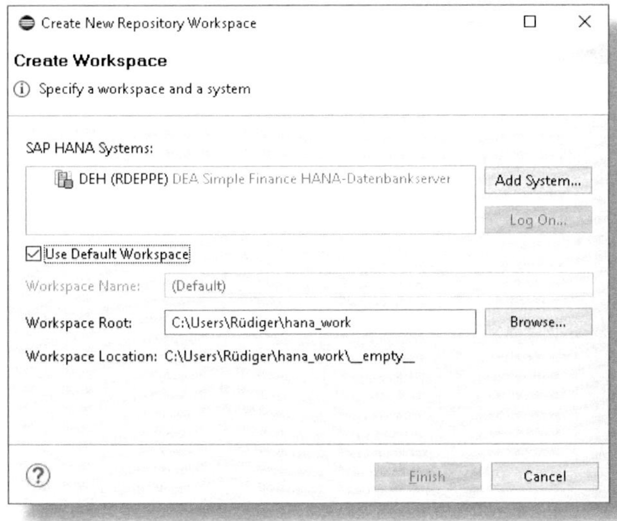

Abbildung 2.3: Anlegen eines Repository Workspaces

6. Sie gelangen zurück zum Screen NEW XS PROJECT. Markieren Sie den eben hinzugefügten Workspace und achten Sie darauf, dass ADD PROJECT FOLDER AS SUBPACKAGE aktiviert ist.
7. Drücken Sie den Button NEXT.
8. Es öffnet sich das in Abbildung 2.4 gezeigte Fenster.

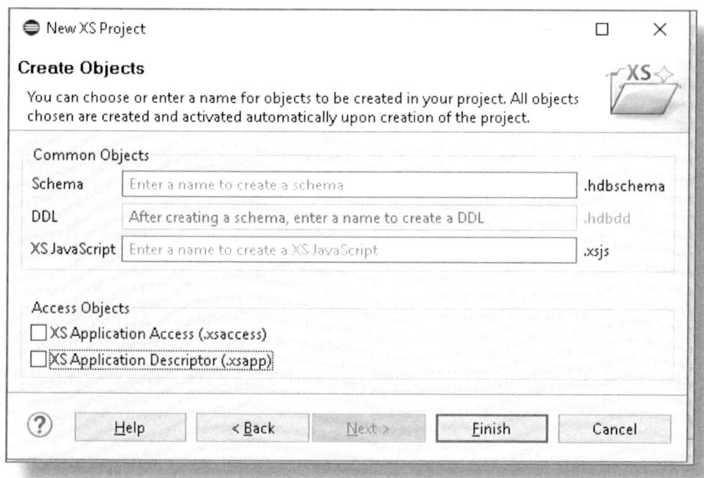

Abbildung 2.4: Beenden der Anlage des XS-Projekts

9. Deaktivieren Sie die Felder XS APPLICATION ACCESS und XS APPLICATION DESCRIPTOR.
10. Drücken Sie den Button FINISH.

Jetzt haben Sie das XS-Projekt mit zugehörigem Repository Workspace angelegt und finden es im Projekt-Explorer.

Als Nächstes legen Sie die Datenbankprozedur an.

1. Wählen Sie das Menü FILE • NEW • OTHER. Sie kommen auf ein Popup gemäß Abbildung 2.5.

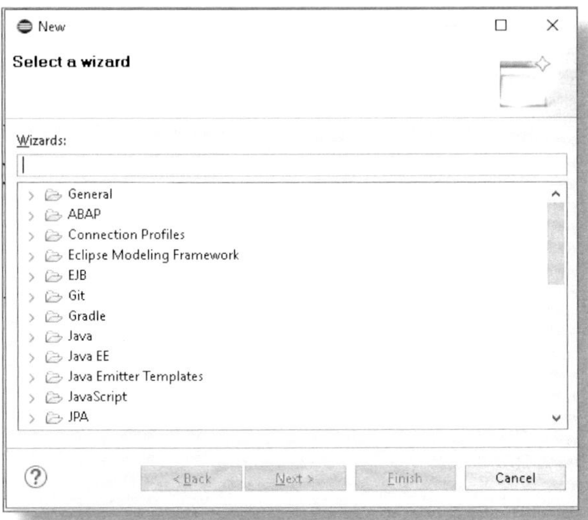

Abbildung 2.5: Wizard-Auswahl

2. Geben Sie in das Feld WIZARD den Text *Stored Procedure* ein. Drücken Sie den Button NEXT.

3. Im darauffolgenden Fenster (siehe Abbildung 2.6) wählen Sie das eben angelegte XS-Projekt aus. Geben Sie in FILE NAME den Namen der anzulegenden Datenbankprozedur ein (z. B. *Determine_Flights*). Schreiben Sie in das Feld TARGET SCHEMA das Datenbankschema, in dem Sie die Datenbankprozedur anlegen wollen (z. B. *_SYS_BIC*). Sie können das Datenbankschema auch suchen, indem Sie auf den Button BROWSE klicken.

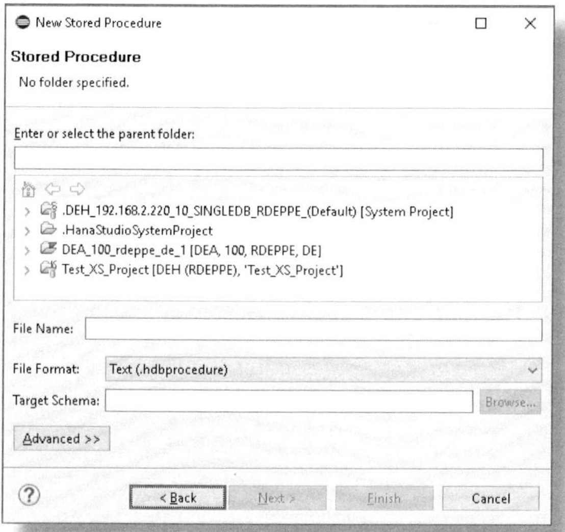

Abbildung 2.6: Anlage der Datenbankprozedur

4. Wählen Sie ein FILE FORMAT. Ihnen stehen *Text* und *XML* zur Auswahl. Im Normalfall sollten Sie sich für *Text* entscheiden, weil XML nicht mehr verwendet werden soll. Wenn Sie die Datenbankprozedur im Rahmen von Database Procedure Proxies (Inhalt von Abschnitt 2.7.2) verwenden wollen, müssen Sie allerdings *XML* wählen, weil TEXT dort nicht unterstützt wird. Wir wählen hier *Text*.

5. Drücken Sie den Button FINISH.

6. Jetzt gelangen Sie in den Editor der Datenbankprozedur (siehe Listing 2.21). In diesem können Sie die Anweisung für die Datenbankprozedur schreiben.

```
PROCEDURE "_SYS_BIC"."Test_XS_Project::Determine_flights" ( )
LANGUAGE SQLSCRIPT
SQL SECURITY INVOKER
--DEFAULT SCHEMA <default_schema_name>
READS SQL DATA AS
BEGIN
/*****************************
Write your procedure logic
 *****************************/
END;
```

Listing 2.21: Editor der Datenbankprozedur

Zwischen die beiden Klammern ( ) setzen Sie die Schnittstellenparameter und zwischen BEGIN und END die Anweisungen ein.

Verwenden Sie z. B. das Listing 2.22. Als Import-Parameter haben wir IV_MANDT sowie IV_CARRID und als Export-Parameter die Tabelle ET_FLIGHTS angegeben. Zuerst werden drei skalare Variablen vom Typ INTEGER deklariert. In der ersten Selektion werden alle Flugbuchungen zu den Import-Parametern IV_MANDT und IV_CARRID selektiert. Mit der zweiten Selektion wird lediglich die Anzahl der selektierten Datensätze aus erster Selektion in die Variable LV_LINES_SBOOK geschrieben. Darauf folgt die Selektion aller Flugbuchungen mit CARRID LH aus der lokalen Tabelle LT_SBOOK in den Export-Parameter ET_FLIGHTS. Mit der vierten Selektion wird die Anzahl der selektierten Datensätze in der Export-Tabelle ET_FLIGHTS in die Variable LV_LINES_FLIGHTS geschrieben. Zum Schluss werden die beiden Variablen LV_LINES_SBOOK und LV_LINES_FLIGHTS in die Variable LV_LINES_TOTAL addiert, und in der IF-Anweisung wird die Variable LV_LINES_TOTAL abhängig von der Gesamtanzahl manipuliert.

```
PROCEDURE "_SYS_BIC"."Test_XS_Project::Determine_flights"
( IN iv_mandt NVARCHAR(3),
  IN iv_carrid NVARCHAR(3),
  OUT et_flights TABLE ( carrid NVARCHAR(3),
```

```
                           connid NVARCHAR(4)
                         )
)
  LANGUAGE SQLSCRIPT
  SQL SECURITY INVOKER
  DEFAULT SCHEMA "SAPDEA"
  READS SQL DATA AS
BEGIN
  DECLARE lv_lines_sbook INTEGER;
  DECLARE lv_lines_flights INTEGER;
  DECLARE lv_lines_total INTEGER;

  lt_sbook = SELECT carrid, connid, customid
                 FROM sapdea.sbook
                 WHERE mandt  = :iv_mandt
                   AND carrid = :iv_carrid;
  SELECT count(*)
         INTO lv_lines_sbook
         FROM :lt_sbook;

  et_flights = SELECT carrid, connid
                   FROM :lt_sbook
                   WHERE carrid = 'LH';
  SELECT count(*)
         INTO lv_lines_flights
         FROM :et_flights;

  lv_lines_total := :lv_lines_sbook + :lv_lines_flights;

  IF :lv_lines_total > 10
  THEN lv_lines_total := 4;
  ELSEIF :lv_LInes_total > 5
  THEN lv_lines_total := 3;
  ELSE lv_lines_total := 2;
  END IF;
END;
```

Listing 2.22: Beispiel für Datenbankprozedur

2.5.2 Benutzerdefinierte Funktionen (gebräuchlich bis Release 7.4 SP4)

Benutzerdefinierte Funktionen (User-defined Functions, UDF) sehen ähnlich aus wie Datenbankprozeduren und werden ebenfalls mit SQLScript implementiert. Allerdings können Sie, anders als Datenbankprozeduren, in SELECT-Anweisungen eingebunden werden. Angelegt werden sie mit `Create Function` und gelöscht mit `Drop Function`.

In Listing 2.23 wird zunächst eine benutzerdefinierte Funktion angelegt. Sie besitzt zwei Variablen als Importparameter und eine Tabelle als Returningparameter.

```
CREATE FUNCTION determine_customer(
  Iv_mandt  NVARCHAR(3),
  iv_carrid NVARCHAR(3))
  RETURNS TABLE(
  Carrid   NVARCHAR(3),
  cityfrom NVARCHAR(20),
  cityto   NVARCHAR(20),
  customid NVARCHAR(8))
  LANGUAGE SQLSCRIPT SQL SECURITY INVOKER AS
BEGIN
  RETURN SELECT a.carrid, a.cityfrom, a.cityto,
                b.customid
              FROM sapdea.spfli AS a
                   INNER JOIN sapdea.sbook AS b
              ON a.mandt = b.mandt
              AND a.carrid = b.carrid
              AND a.connid = b.connid
              WHERE a.mandt  = :iv_mandt
                AND a.carrid = :iv_carrid;
END;

SELECT c.carrid, c.cityfrom, c.cityto, c.customid,
d.price
```

```
FROM determine_customer('100', 'LH') AS c
INNER JOIN sflight AS d
ON  c.mandt = d.mandt
AND c.carrid = d.carrid
WHERE d.mandt = '100';
```

Listing 2.23: Selektion mit integrierter benutzerdefinierter Funktion

Das Ergebnis der in dieser Funktion stattfindenden Selektion wird mithilfe der Anweisung `Return` an die Rückgabetabelle übergeben. Anschließend wird die benutzerdefinierte Funktion innerhalb einer anderen Selektion verwendet. In dieser Selektion wird über die INNER JOIN-Anweisung der Preis aus der Tabelle SFLIGHT ergänzt.

2.6 Analytische Views (gebräuchlich bis Release 7.4 SP4)

Sie kennen sicherlich alle diejenigen Views aus dem Data Dictionary, die Ihnen eine spezielle Sicht auf eine oder mehrere Datenbanken gleichzeitig erlauben. Geschaffen wurden sie, um die Performance bei Selektionssichten auf Datenbanktabellen zu optimieren.

SAP HANA hat dieses Prinzip der Views noch verfeinert und erweitert. Es kennt drei Typen von analytischen Views:

- *Attribute View* für Sichten auf Stammdaten
- *Analytic View* für Sichten auf Bewegungsdaten
- *Calculation View* für eine Kombination aus mehreren Views und Operationen

Das Novum an diesen Views ist, dass hier bereits während der Selektion aus der Datenbank Analysen und Berechnungen vorgenommen werden können.

Ablösung der analytischen Views

Die HANA-analytischen Views werden nur bis Release 7.4 SP4 verwendet. Danach wurden die HANA- bzw. ABAP-CDS-Views (vgl. Abschnitt 1.1) eingeführt.

2.6.1 Attribute View

Ein Attribute View ist die Sicht auf einzelne Felder von einer oder mehreren zusammengehörigen Stammdatentabellen. Er kann zudem einfache, berechnete Spalten aufnehmen. Verwendet wird ein Attribute View v. a. als Dimension in Analytic Views oder als Knoten in Calculation Views.

Im Zusammenhang mit dem Attribute View existieren folgende Begriffe:

- *Attribute* sind seine Felder aus zu selektierenden Datenbanktabellen oder berechnete Felder.
- *Schlüsselfelder* bezeichnen die eindeutige Kennung eines Datensatzes.
- *Filter* grenzen die zu selektierenden Werte einer Spalte ein.
- *Hierarchien* bilden die Zusammenhänge zwischen einzelnen Attributen wie z. B. in Form einer Vater-Kind-Beziehung ab.

Neben den bekannten Join-Typen Inner Join, Left Outer Join und Right Outer Join bieten Attribute Views noch zwei weitere Joins:

Ein *Referential Join* ist eine besondere Art des Inner Joins. Bei einem normalen Inner Join wird immer überprüft, ob in beiden Datenbanktabellen ein Eintrag vorhanden ist. Bei einem Referential Join findet eine solche Prüfung nicht statt, wenn kein Feld aus der rechten Tabelle gefordert ist. Dies verbessert die Performance und wird bei einem Attribute View häufig verwendet.

Ein *Text Join* ist eine besondere Art, sprachabhängige Texte aus einer Texttabelle zu selektieren. Zur Laufzeit wird der Text mit der richtigen Sprache aus der Texttabelle gelesen.

Anlage eines Attribute Views

Attribute Views werden in der Perspektive SAP HANA Modeler des SAP HANA Studios angelegt. Dabei gehen Sie wie folgt vor:

1. Wechseln Sie in die Perspektive SAP HANA Modeler. Wenn Sie die Perspektive noch nicht geöffnet haben, rufen Sie sie über den Pfad Window • Perspective • Open Perspective • SAP HANA Modeler bzw. Window • Perspective • Open Perspective • Other auf.

2. Suchen Sie im Ordner Content nach dem Paket, in dem Sie den Attribute View anlegen wollen (z. B. das Paket Test). Mit Klick mittels rechter Maustaste auf das Paket wählen Sie im Kontextmenü New • Attribute View.

3. Geben Sie in das sich öffnende Pop-up (Abbildung 2.7) als Namen für den Attribute View *AT_FLIGHT* ein und als Label (Bezeichnung) *Flug*. Als Subtype stehen Unterformen von Attribute Views wie Standard, Time und Derived zur Verfügung. *Time* steht für Zeitviews und *Derived* für von anderen Attribut Views abgeleitete Sichten. Wir verwenden den *Standardview*. Sie haben auch die Möglichkeit, über die Aktivierung von Copy from einen bereits existierenden Attribut View zu kopieren. Das interessiert uns hier aber nicht.

4. Drücken Sie den Button FINISH.

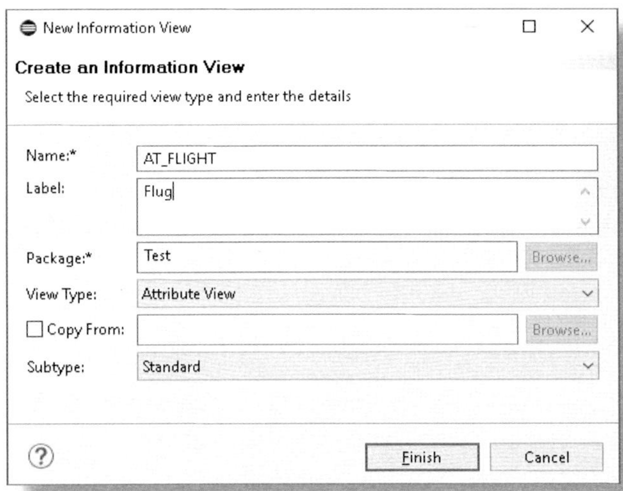

Abbildung 2.7: Anlage eines Attribut Views

5. Jetzt sehen Sie im SAP HANA Modeler den View-Editor (siehe Abbildung 2.8).

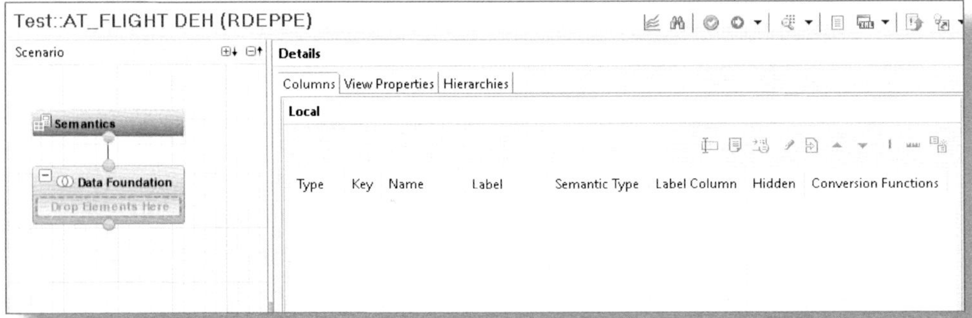

Abbildung 2.8: Editor des Attribute Views

Im linken Bereich SCENARIO erkennen Sie die beiden Editor-Bereiche SEMANTICS und DATA FOUNDATION. In Letzterer benennen Sie die Tabellen, aus denen selektiert werden soll, definieren die Joins und fügen zusätzliche Attribute hinzu.

In den SEMANTICS beschreiben Sie die Eigenschaften des Attribute Views. Hier benennen Sie die Schlüsselfelder des Views (jeder View muss mindestens ein Schlüsselfeld besitzen), legen die Bezeichnungen für die Attribute des Views fest oder können Attribute als nicht sichtbar deklarieren, was v. a. bei berechneten Attributen von Bedeutung sein kann. Zudem können Sie die Behandlung des Mandantenfeldes festlegen (ob als statischer Wert oder dynamisch) und Hierarchien benennen.

Im Folgenden wollen wir die beiden Tabellen SPFLI und SFLIGHT über einen Join verknüpfen.

6. Gehen Sie mit dem Mauszeiger auf den Namen DATA FOUNDATION.
7. Neben dem Namen erscheint ein grünes Kreuz. Klicken Sie darauf.
8. Es öffnet sich ein neues Pop-up (Abbildung 2.9). Sobald Sie den Namen *SPFLI* eingeben, werden Ihnen in den MATCHING ITEMS einige Auswahlmöglichkeiten angezeigt. Wählen Sie *SPFLI* des Systemschemas und drücken Sie den Button OK.

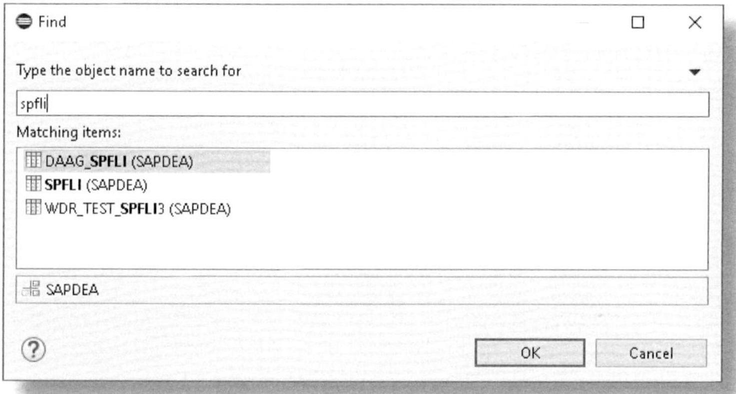

Abbildung 2.9: Eingabe DB-Tabelle für Data Foundation

Wenn Sie nur eine DB-Tabelle lesen wollen, wäre der Vorgang jetzt schon abgeschlossen. Wir möchten aber zwei Datenbanktabellen lesen.

9. Drücken Sie daher erneut auf das grüne Kreuz und wählen die Tabelle *SFLIGHT*.

10. Im Fenster DETAILS (siehe Abbildung 2.8) sehen Sie daraufhin die Felder beider Tabellen. Ziehen Sie mit der Maus eine Verbindungslinie zwischen den Feldern, die die Join-Verbindung darstellen: In diesem Fall sind es jeweils die Felder MANDT, CARRID und CONNID.

11. Um die Eigenschaften des Joins zu definieren, z. B. Jointyp oder Kardinalität, können Sie den Join markieren und doppelklicken. Als Standard-Jointyp ist »Referential Join« definiert, was am gebräuchlichsten ist. Als Kardinalität wählen Sie in diesem Fall *1:n*.

12. Benennen Sie die auszugebenden Felder der Datenbanktabellen, indem Sie auf den runden Punkt neben den Feldnamen in den Tabellen klicken. Die Namen der Felder sehen Sie dann im Fenster OUTPUT. Markieren Sie in der Tabelle SPFLI die Namen MANDT, CARRID, CONNID, CITYFROM, CITYTO und in der Tabelle SFLIGHT die Felder FLDATE, SEATSMAX und SEATSOCC.

13. Sie können auch Filterwerte angeben. Markieren Sie einen Feldnamen und wählen Sie im Kontextmenü APPLY FILTER aus. Sie sehen ein Pop-up wie in Abbildung 2.10.

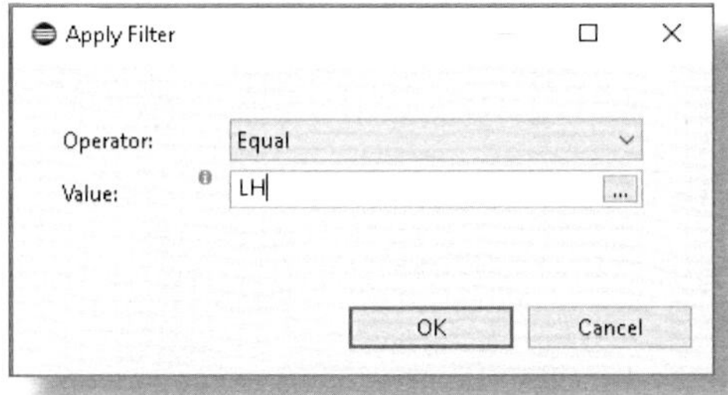

Abbildung 2.10: Filter auf Attribut eines Attribute Views

Jetzt wollen wir zur Übung ein berechnetes Attribut hinzufügen: Wir wollen aus den Flügen, die wir im View selektieren, die Differenz aus der Anzahl der belegten Sitzplätze und der maximalen Sitzplatzkapazität berechnen.

14. Berechnete Felder werden im Ordner CALCULATED COLUMNS im Fenster OUTPUT definiert. Markieren Sie den Ordner CALCULATED COLUMNS und wählen Sie im Kontextmenü NEW.

15. In das sich öffnende Fenster (Abbildung 2.11) geben Sie als Namen *SEATSDIFF* und als Beschreibung (LABEL) *nicht besetzte Plätze* ein.

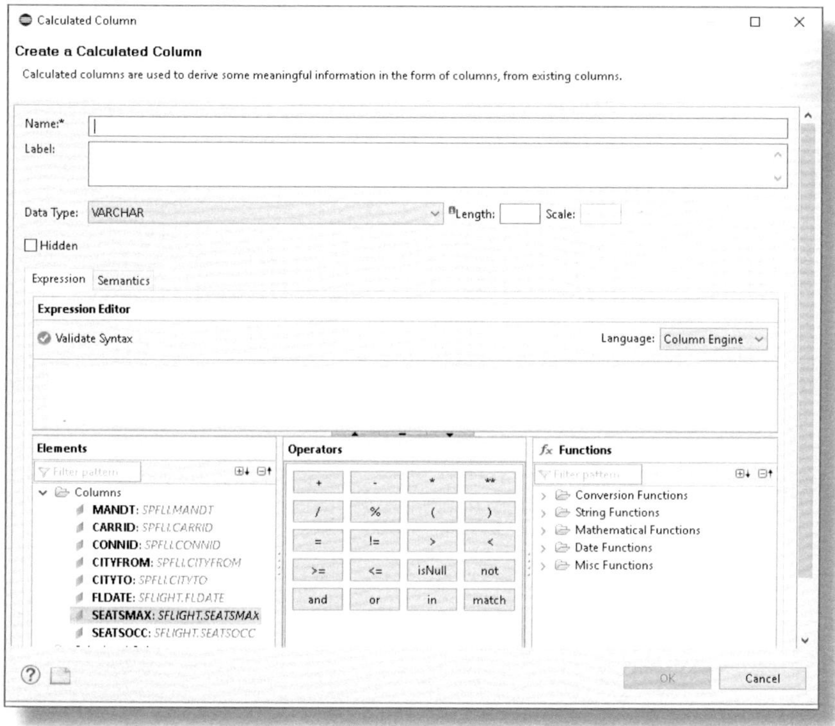

Abbildung 2.11: Berechnetes Feld

16. Wählen Sie als Datentyp *VARCHAR* mit der Länge *10*.

17. Klicken Sie doppelt auf SEATSMAX im Bereich ELEMENTS. Wählen Sie dann - (Minus) als Operator. Danach klicken Sie doppelt auf SEATSOCC im Bereich ELEMENTS.

Feldbezeichnungen in Anführungszeichen

Die Feldbezeichnungen im *Expression Editor* (vgl. Abbildung 2.11) müssen immer in Anführungszeichen stehen.

18. Drücken Sie den Button OK.

Abbildung 2.12 zeigt den erstellten Attribute View, bestehend aus einem Join der beiden Tabellen SPFLI und SFLIGHT sowie dem berechneten Attribut SEATSDIFF.

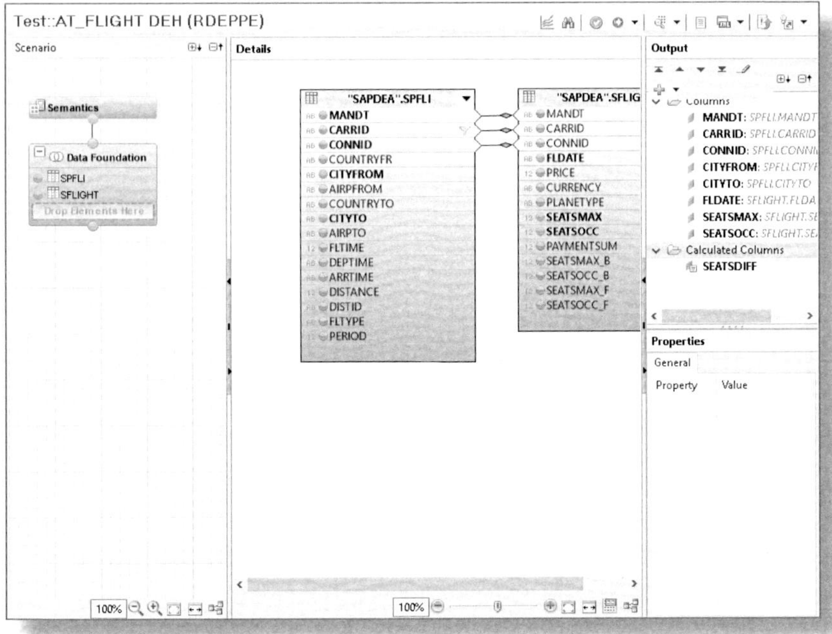

Abbildung 2.12: Ergebnis Attribute View

19. Drücken Sie abschließend auf den Button , um den Attribute View zu aktivieren.

Hierarchien

Sie haben die Möglichkeit, folgende Hierarchien zwischen Attributen anzulegen:

- Vater-Kind-Beziehung (parent-child)
- Gelevelte Hierarchie (level hierarchy)

Eine *Vater-Kind-Beziehung* ist daran erkennbar, dass der Vater zum einen im Datensatz des Kindes in einem Feldnamen definiert ist und zum anderen einen eigenen Datensatz in derselben Datenbanktabelle hat (z. B. Schraubenzieher und Eisen in Variantentabelle).

Bei einer *gelevelten Hierarchie* erscheinen die Daten der Hierarchiestruktur i. d. R. innerhalb eines Datensatzes (z. B. die Kombination Land, Stadt, Flughafen). Es handelt sich hierbei aber nicht um eine Vater-Kind-Beziehung, weil es sonst auch einen Datensatz mit dem Wert der Stadt für das Land geben würde. Im Datensatz des Landes ist die Stadt nicht enthalten.

Hierarchien werden im Bereich der Semantics definiert (Reiter Hierarchies).

Zeitattribute

In vielen Datenbanktabellen spielen Zeitdaten eine große Rolle, so z. B. als Fldate in der Tabelle Sflight. Diese Zeitdaten werden üblicherweise dafür verwendet, Datensätze in Zeitintervallen (Jahr, Quartal, Monat, Woche) auszuwerten. Hierfür bietet SAP HANA einen speziellen Attribute-View-Typ an. Um diesen Typ nutzen zu können, müssen die Zeitdaten einmalig generiert werden.

Sie finden im SAP HANA Modeler im Bereich Quick View den Link Generate Time Data (siehe Abbildung 2.13).

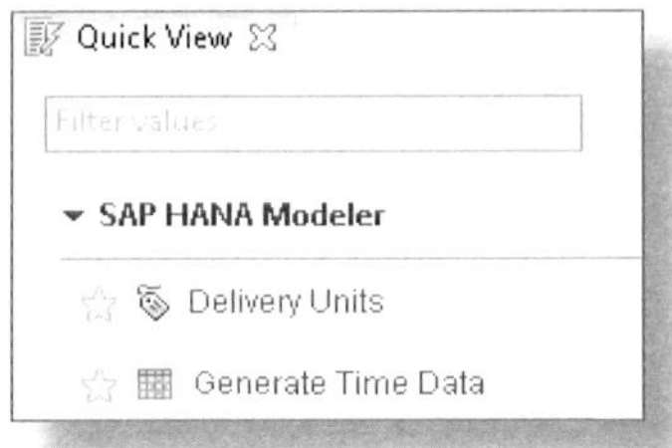

Abbildung 2.13: SAP HANA Modeler – Generate Time Data

1. Drücken Sie auf den Link GENERATE TIME DATA.
2. Selektieren Sie Ihr HANA-System.
3. Geben Sie im neuen Pop-up (Abbildung 2.14) in das Feld FROM YEAR *2000* und bei TO YEAR *2030* ein.

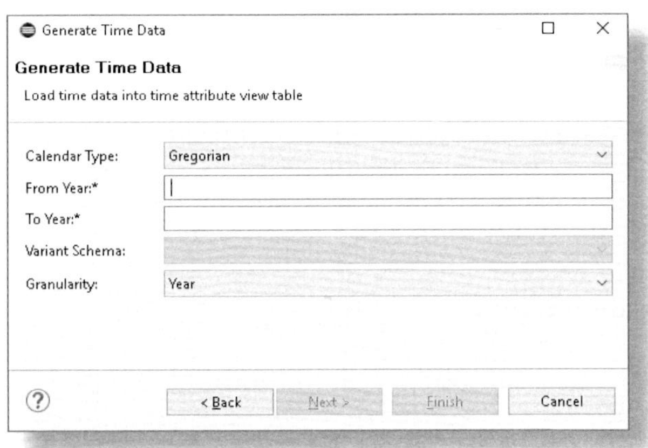

Abbildung 2.14: Kalenderdaten generieren

4. Drücken Sie den Button FINISH.

Um die Zeitdaten nutzen zu können, legen Sie einen neuen Attribut View mit dem SUBTYPE *Time* an (siehe Abbildung 2.15). Meist werden Sie unter GRANULARITY *Date* verwenden.

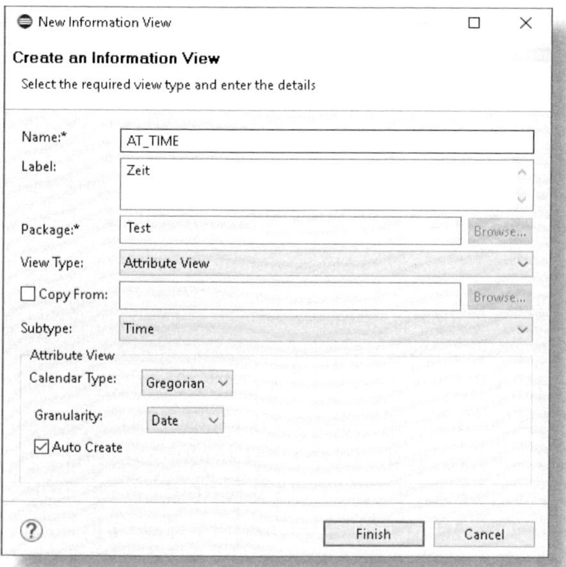

Abbildung 2.15: Attribute-View-Typ TIME

Alternativ bietet das Datenbankschema _SYS_BI die Datenbanktabellen M_FISCAL_CALENDAR und M_TIME_DIMENSION zur Nutzung von Kalender- und Zeitdaten, die Sie direkt in Attribute Views einbinden können.

2.6.2 Analytic Views

Ein Analytic View ist eine Sicht auf einzelne Felder von einer oder mehreren zusammengehörigen Bewegungsdatentabellen, in denen die Berechnung und Analyse von Kennzahlen im Vordergrund steht. Dabei finden auch Auswertungen von Stammdatentabellen mithilfe von Fremdschlüsselverbindungen (*Assoziationen*) statt.

Kennern von Data-Warehouse- und Business-Intelligence-Anwendungen ist die Zusammenfassung aus Stammdaten- und Bewegungsdatentabellen bereits unter dem Begriff *Sternschema* vertraut. Die Bewegungsdatentabellen bezeichnet man dabei als *Faktentabellen* und die darin enthaltenen berechenbaren Daten wie etwa Gepäckgewicht oder Rechnungsbetrag als *Kennzahlen* (englisch *Measures*). Die mit diesen Kennzahlen zusammenhängenden Stammdaten und Zeitdaten werden *Dimensionen*, deren Tabellen *Dimensionstabellen* genannt. Die Dimensionen bilden bei Auswertungen die Grundlage für die Datenberechnungen.

Datenberechnungen

Eine Flugnummer, zusammengesetzt aus den Stammdaten (Dimensionen) CARRID und CONNID, stellt die Grundlage für diverse Auswertungen dar, z. B. für die Frage, wie viele Kunden diesen Flug genutzt haben. Die Kennzahl wäre dabei die Information »belegte Sitzplätze«. Diese Form der Auswertung bezeichnet man auch als *Datenscheibe* der Dimension.

Aus diesen Dimensionen lassen sich Hierarchien bilden. Ein Level der Hierarchie wäre beispielsweise die Auswertung nach CARRID und CONNID. Man kann in der Hierachie ein Level nach oben zu CARRID gehen und eine Auswertung pro Fluggesellschaft vornehmen. Diese »Analyse nach oben« nennt man *Drill-up*, eine Analyse nach unten (von Fluggesellschaft zu Flugnummer) *Drill-down*.

Anlage eines Analytic Views

Im Folgenden lernen Sie, wie Sie mithilfe eines Analytic Views die Gesamteinnahmen einer Fluggesellschaft berechnen.

1. Wechseln Sie in die Perspektive SAP HANA Modeler. Wenn Sie diese noch nicht geöffnet haben, rufen Sie sie auf über den Pfad

WINDOW • PERSPECTIVE • OPEN PERSPECTIVE • SAP HANA MODELER bzw. WINDOW • PERSPECTIVE • OPEN PERSPECTIVE • OTHER.

2. Suchen Sie im Ordner CONTENT nach dem Paket, in dem Sie den Attribute View anlegen wollen (z. B. das Paket TEST). Drücken Sie mit der rechten Maustaste auf das Paket und wählen Sie im Kontextmenü NEW • ANALYTIC VIEW.

3. Sie kommen auf ein Pop-up (siehe Abbildung 2.16), in das Sie als NAME *AN_AIRLINE* und als Beschreibung (LABEL) *Fluggesellschaft* eingeben. Drücken Sie den Button FINISH.

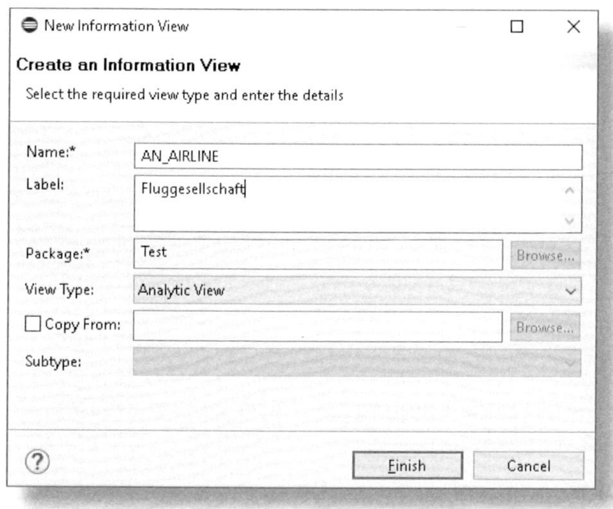

Abbildung 2.16: Anlage Analytic View

Sie befinden sich jetzt im Editor des Analytic Views (Abbildung 2.17).

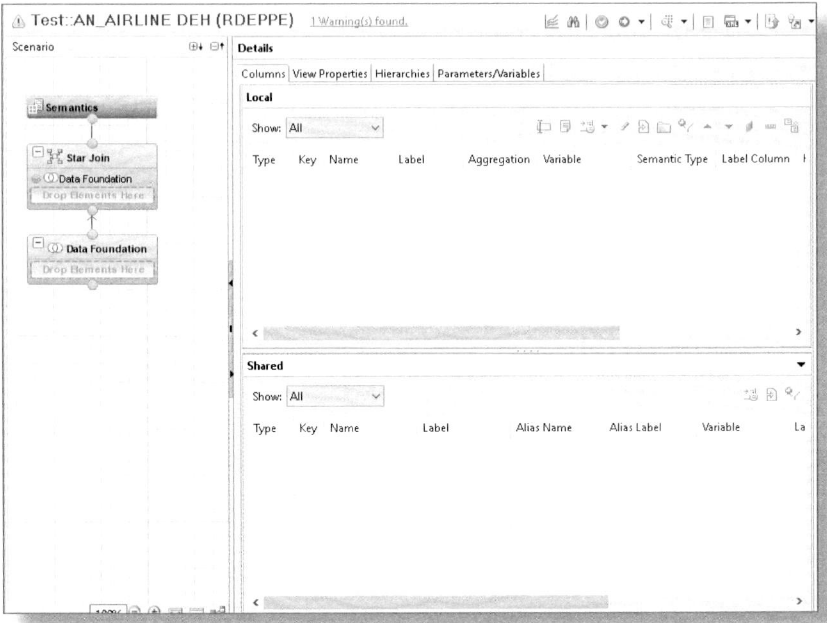

Abbildung 2.17: Editor des Analytic Views

Unter SCENARIO links sehen Sie drei Bereiche:

- SEMANTICS für die Beschreibung der Attribute und die Definition von Eingabeparametern,
- STAR JOIN für die Verbindung zu Dimensionen von Attribute Views sowie das Hinzufügen berechneter Attribute und das Setzen von Filtern auf Kennzahlen (Definition von Einschränkungen bei der Selektion von Kennzahlen),
- DATA FOUNDATION für die Verwendung von Faktentabellen.

4. Zum Hinzufügen der Faktentabelle SFLIGHT gehen Sie mit der Maus auf DATA FOUNDATION. Daraufhin sehen Sie rechts davon ein +-Zeichen und klicken darauf.

5. In dem sich öffnenden Pop-up (siehe Abbildung 2.18) geben Sie als einzufügende Tabelle *SFLIGHT* ein. Wählen Sie SFLIGHT aus den MATCHING ITEMS des Systemschemas und bestätigen Sie mit dem Button OK.

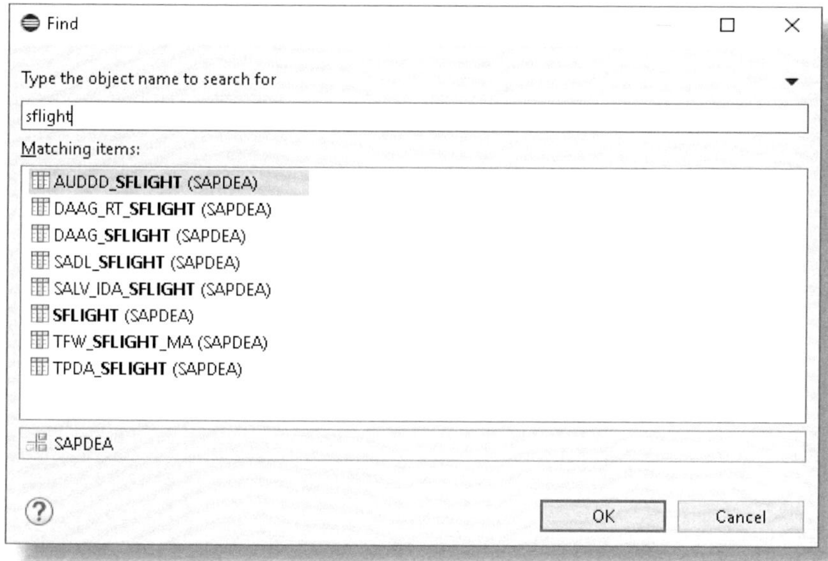

Abbildung 2.18: Auswahl Faktentabelle für Analytic View

6. Im Bereich DETAILS (Abbildung 2.17) markieren Sie die Felder MANDT, CARRID, CONNID, PRICE und CURRENCY.

7. Zur Ermittlung der belegten Sitzplätze verwenden wir den Attribute View AT_FLIGHT, den wir in Abschnitt 2.6.1 angelegt haben. Gehen Sie dazu mit der Maus auf den Bereich STAR JOIN und klicken Sie auf das erscheinende Plus.

8. Geben Sie im Folge-Pop-up den Namen *AT_FLIGHT* ein und drücken Sie den Button OK.

Ihr Editor des Analytic Views sollte jetzt wie in Abbildung 2.19 aussehen.

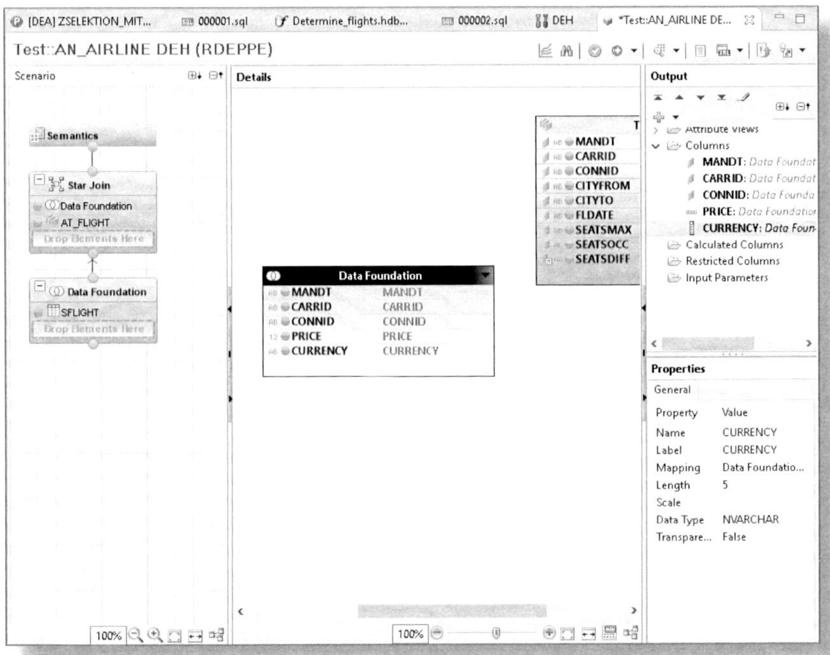

Abbildung 2.19: Editor des Analytic Views nach Hinzufügen des Attribute Views

9. Sie sehen in Eclipse die ausgewählten Felder der DATA FOUNDATION Rot und die Ausgabeparameter des gewählten Attribute Views Blau hinterlegt (Farben nur im E-Book erkennbar). Verbinden Sie die zusammengehörigen Felder MANDT, CARRID und CONNID dieser beiden Darstellungen mit einer Linie, indem Sie mit gedrückter linker Maustaste zwischen diesen Feldern, also von Data Foundation zu den Views ziehen.

Das Ergebnis sehen Sie in Abbildung 2.20.

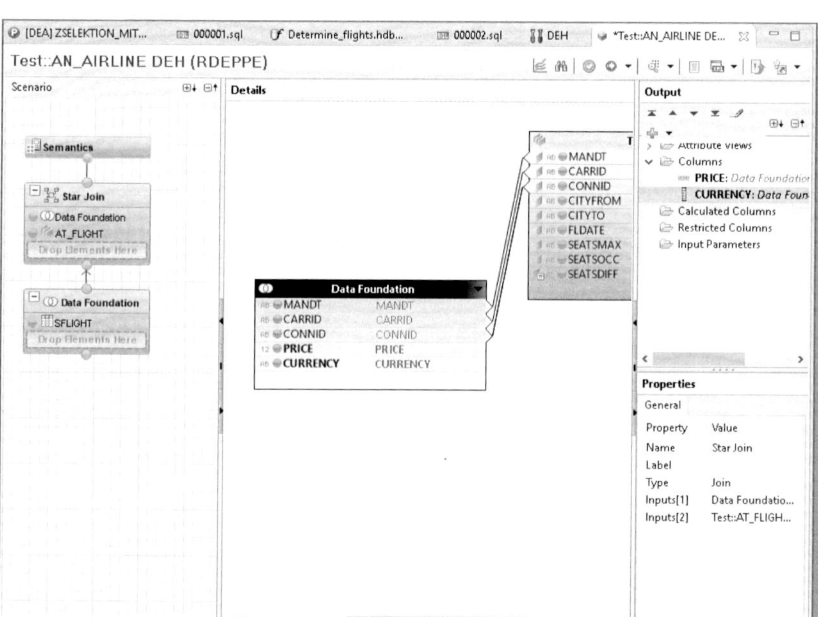

Abbildung 2.20: Schlüsselverbindungen des Analytic Views

10. Doppelklicken Sie jetzt auf den Bereich SEMANTICS. Daraufhin sehen Sie rechts im Bereich LOCAL, dass die Kennzahlen der Data Foundation (in diesem Fall *PRICE*) zu einer Summe aggregiert werden (Abbildung 2.21).

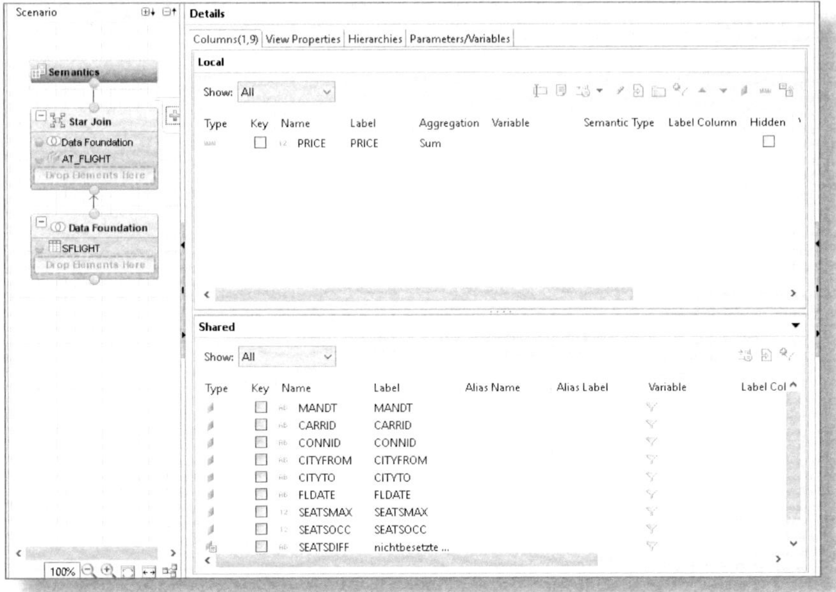

Abbildung 2.21: Semantics vom Analytic View

11. Drücken Sie anschließend auf den Button, um den Analytic View zu aktivieren.

Berechnete Kennzahlen

Zusätzliche berechnete Werte (Calculated Columns) können Sie nicht nur für einen Attribute View, sondern auch für Analytic Views anlegen. Sie müssen dann bei der Anlage der dafür vorgesehenen Spalten angeben, ob es sich um ein Attribut oder eine Kennzahl (Measure) handelt. Auch müssen Sie sich entscheiden, ob diese Berechnung vor oder nach der Aggregation durchgeführt werden soll.

Währungs- und Einheitenumrechnung

In ABAP können Sie die Funktionen `CONVERT_CURRENCY` für Währungsumrechnungen und `CONVERT_UNIT` für Einheitenumrechnungen verwenden.

In Analytic Views existieren zwei Varianten zur Durchführung von Umrechnungen: Zum einen können Sie für eine Spalte definieren, dass immer eine bestimmte Umrechnung durchgeführt werden soll – der umgerechnete Wert also in der Standardspalte ausgegeben wird. Zum anderen können Sie eine zusätzliche Spalte einfügen, in deren Berechnung die Umrechnung erfolgt. In diesem Fall wird das Ergebnis über die neue Spalte ausgegeben.

Für unser Beispiel verwenden wir zunächst die erste Variante, bei der für eine existierende Spalte eine Umrechnung definiert wird.

1. Doppelklicken Sie im Bereich OUTPUT des Analytic-View-Editors auf die Spalte PRICE, für die eine Umrechnung durchgeführt werden soll. Sie sollten dann ein Pop-up wie in Abbildung 2.22 sehen.

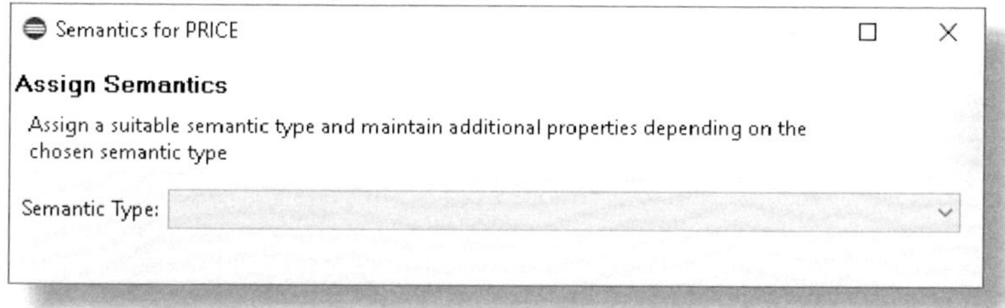

Abbildung 2.22: Umrechnungszuweisung für existierende Spalte

2. Wählen Sie als SEMANTIC TYPE *Amount with Currency Code* für Währungsumrechnungen (so in unserem Fall) oder *Quantity with Unit of Measure* für Einheitenumrechnungen.

3. Im nächsten Fenster (Abbildung 2.23) drücken Sie im Feld CURRENCY auf die Wertehilfe.

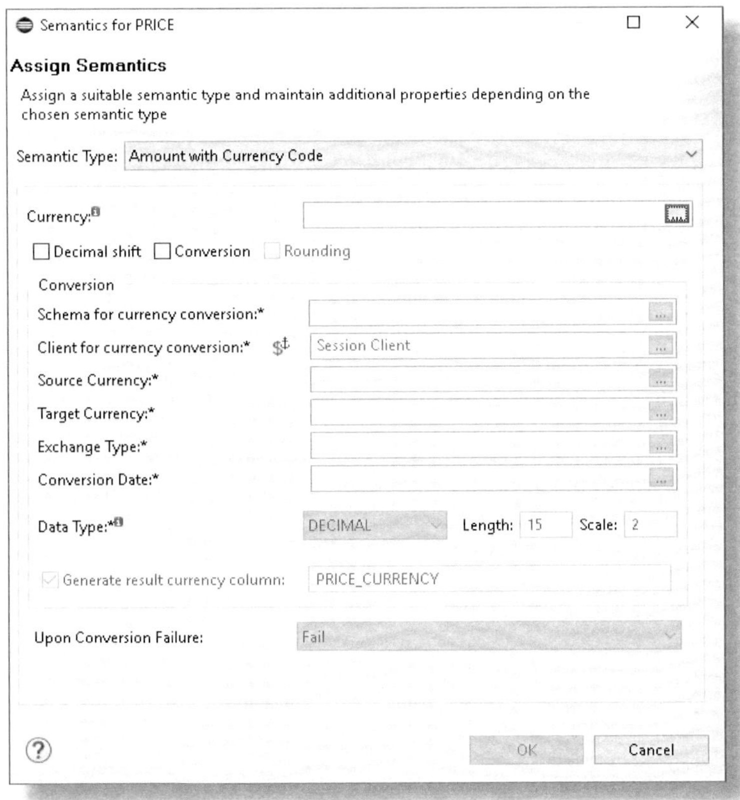

Abbildung 2.23: Spaltenauswahl für Währung

4. Wählen Sie im sich öffnenden Pop-up als TYPE nicht *Fixed*, sondern *Column* und als Feld CURRENCY.

5. Die anderen Eingaben passen Sie an die jeweiligen Erfordernisse an. Da wir nun den konvertierten Preis über die zweite Variante ermitteln wollen, drücken Sie den Button CANCEL.

Wir bearbeiten im Folgenden also die Variante, bei der eine zusätzliche berechnete Spalte die andere Währung aufnimmt.

1. Markieren Sie den Ordner CALCULATED COLUMNS und wählen Sie im Kontextmenü NEW CALCULATED COLUMN.
2. Geben Sie im folgenden Pop-up als NAMEN *CONVERTED_PRICE*, als BESCHREIBUNG *konvertierter Preis* und als Datentyp denselben Datentyp ein, den auch die Quellspalte besitzt, in diesem Fall *Decimal* mit Länge *15* und SCALE *2*. Soll COLUMN TYPE soll *Measure* sein.
3. Wählen Sie im Bereich ELEMENTS die Spalte PRICE.
4. Wechseln Sie auf die Registerkarte SEMANTICS.
5. Als SEMANTIC TYPE entscheiden Sie sich für *Amount with Currency Code*.
6. Für das SCHEMA FOR CURRENCY CONVERSION legen Sie über die Wertehilfe *ABAP* mit Ihrem Standardschema fest.
7. Im Feld CURRENCY haben Sie die Möglichkeit, ein Feld über die Wertehilfe auszuwählen oder die Währung direkt einzugeben. Entscheiden Sie sich in diesem Fall für die Direkteingabe der Währung *EUR*.
8. Wenn Sie CONVERSION markieren, wird auch DECIMAL SHIFT automatisch markiert.
9. Wählen Sie als SOURCE CURRENCY die Spalte CURRENCY aus SFLIGHT über die Wertehilfe.
10. Als TARGET CURRENCY tragen Sie *EUR* ein.
11. Als EXCHANGE TYPE ergänzen Sie *M*.
12. Wählen Sie als CONVERSION DATE ein Datum über die Wertehilfe.

Wie Ihre Auswahl im Ergebnis aussieht, zeigt Ihnen Abbildung 2.24.

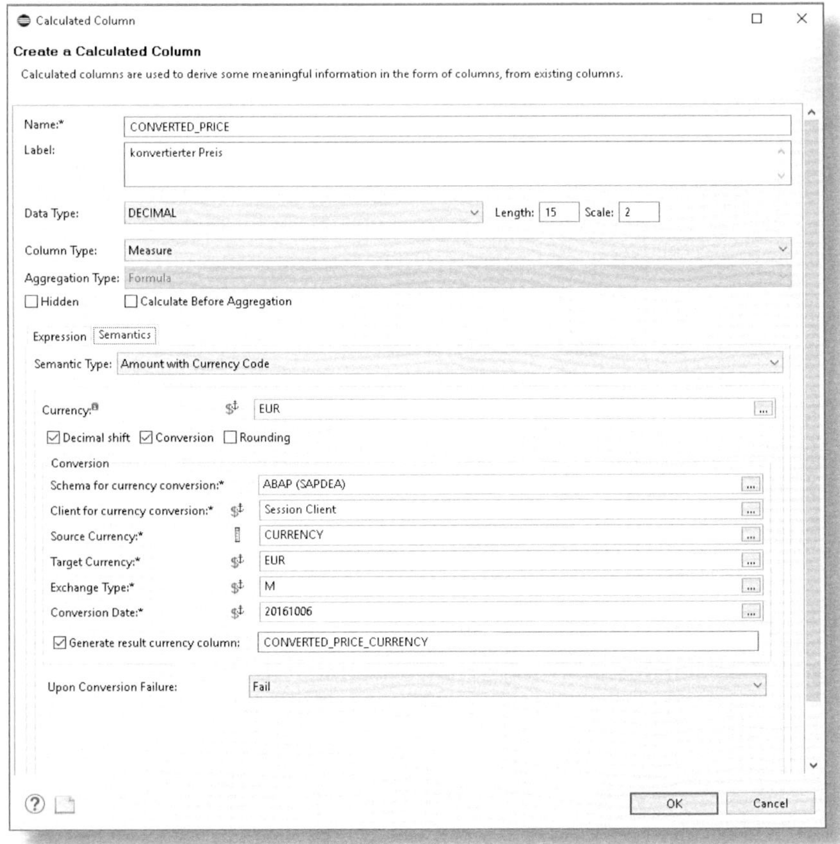

Abbildung 2.24: Eingaben für den konvertierten Preis

13. Drücken Sie den Button OK.

14. Aktivieren Sie den Analytic View mit dem Button .

Wenn Sie einzelne Werte für die Konvertierung nicht über das Pop-up, sondern dynamisch ermitteln möchten, können Sie dies über Eingabeparameter vornehmen. Diese definieren Sie im Editor im Bereich SEMANTICS über die Registerkarte PARAMETER/VARIABLES.

2.6.3 Calculation Views

Reichen die eingeschränkten Kalkulationsmöglichkeiten beim Analytic View nicht mehr aus oder sollen einzelne Views beliebig miteinander kombinierbar sein, können Sie den *Calculation View* verwenden. Er wurde von der SAP immer wieder modernisiert. Seit dem SP11 werden folgende drei Typen angeboten: Calculation Views ...

- ... with Dimensions,
- ... with Cubes,
- ... with Star-Join.

Welchen dieser Calculation Views Sie einsetzen, legen Sie bei der Anlegen-Aktivität fest.

Während Attribute Views nur Datenbanktabellen über Joins verbinden können und Analytic Views gemäß dem Sternschema (Datenbanktabellen als Faktentabellen und Attribute Views als Dimensionen) entwickelt werden, setzen sich Calculation Views aus Knoten und Operationen zusammen, die beliebig miteinander kombinierbar sind. Die Endknoten bestehen dabei aus Tabellen oder anderen Views. Die Operationen sind Knoten, die darstellen, wie die Daten der Endknoten zu behandeln sind.

Ein Calculation View lässt sich entweder – so wie die anderen Views – über einen Wizard grafisch modellieren oder mithilfe von SQLScript erzeugen.

Die Modellierung per Wizard kann allerdings nicht alle Möglichkeiten, die mit SQLScript umsetzbar sind, anbieten. So sind nur ein eingeschränktes SQL und begrenzte Ausgabestrukturen verfügbar. Außerdem ist keine Weiterberechnung von aggregierten Daten möglich.

Nachfolgend werden wir erst eine grafische Modellierung des Calculation Views und in einem zweiten Beispiel die Erstellung per SQLScript durchführen.

Grafische Modellierung

Die grafische Modellierung bildet eine Baumstruktur, wobei die Blätter die Tabellen und Views darstellen. Die anderen Knoten sind Operationen, von denen es derzeit folgende Formen gibt:

- *Join*
- *Projection* (Definition einer Feldliste)
- *Aggregation* (Berechnung von Daten)
- *Union* (Vereinigungsmenge)
- *Rank* (Sortieren)

Der Wurzelknoten des Baumes ist die Ausgabestruktur des Views und gilt somit als externe Schnittstelle.

1. Markieren Sie mit der rechten Maustaste im CONTENT-Ordner ein Paket, in dem Sie den Calculation View anlegen möchten, und klicken Sie im Kontextmenü auf NEW • CALCULATION VIEW.

Es öffnet sich das in Abbildung 2.25 gezeigte Pop-up.

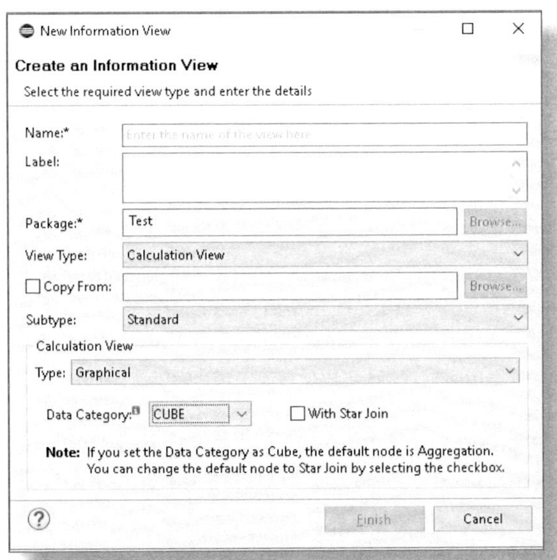

Abbildung 2.25: Anlage Calculation View

2. Geben Sie als NAME *CA_FLIGHT* ein und als BESCHREIBUNG *Calculation Flight*.
3. Belassen Sie als TYPE den Wert *Graphical*, um eine grafische Modellierung durchzuführen. Anderenfalls müssten Sie *SQLScript* auswählen.
4. Als DATA CATEGORY wählen Sie *CUBE*, um die Ausgabe und damit den Wurzelknoten als Aggregation darzustellen. Wenn Sie nur eine Projektion (einfache Auswahl von Datenfeldern) erstellen möchten, müssten Sie hier *DIMENSION* wählen.
5. Drücken Sie den Button FINISH.

Sie sehen jetzt das Ausgangsbild des Calculation Views (siehe Abbildung 2.26).

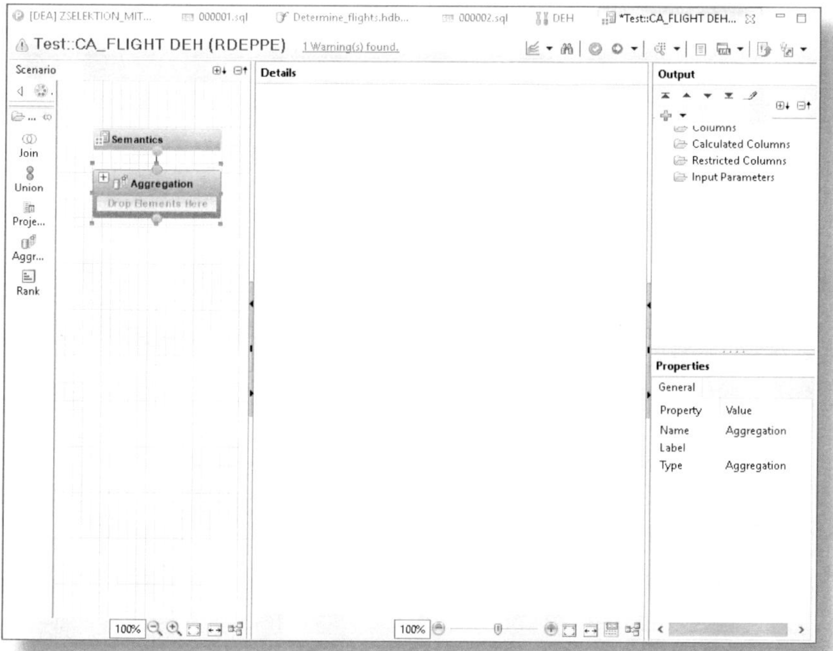

Abbildung 2.26: Ausgangsbild Calculation View (Modeling)

6. Um den Attribute View AT_FLIGHT für den Calculation View zu nutzen, markieren Sie in der PALETTE (links vom Editor) den Knoten PROJECTION und ziehen ihn in den Editor unterhalb von AGGREGATION.

7. Gehen Sie mit der Maus auf den Text PROJECTION_1, sodass rechts davon ein grünes Kreuz erscheint. Klicken Sie auf dieses.

8. Es öffnet sich ein Pop-up. Geben Sie den Namen *AT_FLIGHT* ein und bestätigen Sie mit OK.

9. Um den Analytic View AN_AIRLINE zu verwenden, wählen Sie in der PALETTE den Knoten AGGREGATION und ziehen ihn in den Editor rechts neben PROJECTION_1.

10. Gehen Sie mit der Maus auf den Text AGGREGATION_1. Rechts davon zeigt sich ein grünes Kreuz, drücken Sie auf dieses.

11. Es öffnet sich wiederum ein Pop-up. Geben Sie diesmal den Namen *AN_AIRLINE* ein und bestätigen Sie mit OK.

12. Um die beiden Views zu verbinden, ziehen Sie in der PALETTE den Knoten JOIN in die Mitte des Editors.

13. Nun müssen Sie die Verbindungen zwischen den Knoten herstellen. Das ist etwas umständlich: Indem Sie die Maus auf den Text PROJECTION_1 positionieren, erscheint rechts ein Pfeil. Führen Sie einen Linksklick aus und lassen Sie die Maustaste gedrückt, um eine Linie zwischen Knoten PROJECTION_1 und JOIN_1 zu ziehen.

14. Ziehen Sie auf diese Weise auch eine Verbindungslinie zwischen AGGREGATION_1 und JOIN_1.

Ihr Calculation View sollte nun in etwa so aussehen wie in Abbildung 2.27.

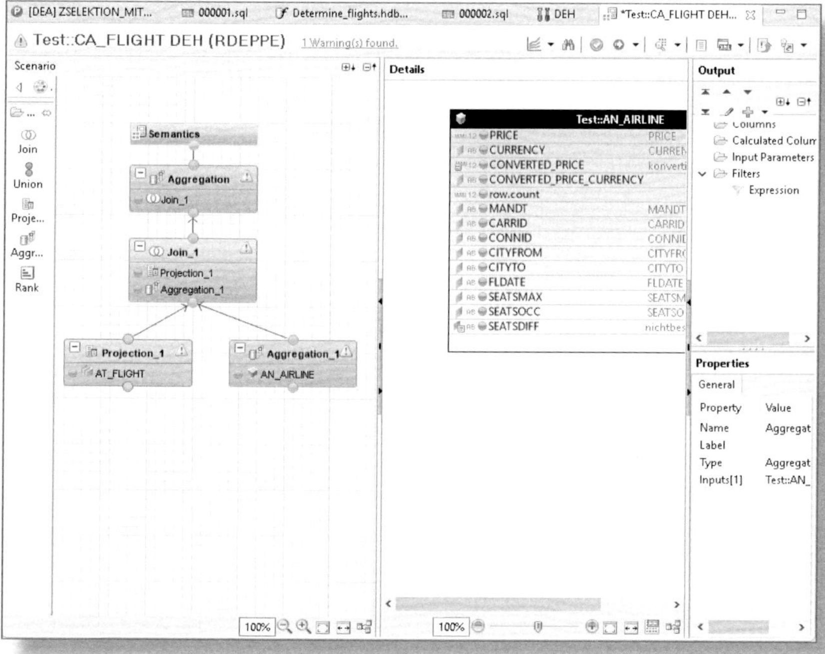

Abbildung 2.27: Knotenverbindungen Calculation View

Nun müssen Sie noch die Felder markieren, die aus den einzelnen Views ausgegeben werden sollen.

15. Dazu markieren Sie im Bereich DETAILS die Felder, die an den oberen Knoten übergeben werden sollen. Das Fenster DETAILS ist sehr klein. Deshalb müssen Sie hier i. d. R. hin- und herscrollen. Markieren Sie für dieses Übungsbeispiel im Knoten PROJECTION_1 die Felder MANDT, CARRID und CONNID.

16. Markieren Sie im Knoten AGGREGATION_1 die Felder MANDT, CARRID, CONNID, CONVERTED_PRICE und CONVERTED_PRICE_CURRENCY.

Die eben markierten Felder werden an den nächsthöheren Knoten übergeben.

17. Markieren Sie im Knoten JOIN_1 die Felder CONVERTED_PRICE und CONVERTED_PRICE_CURRENCY.
18. Markieren Sie im Knoten AGGREGATION die Felder CONVERTED_PRICE und CONVERTED_PRICE_CURRENCY.
19. Aktivieren Sie den View über den Button .

Da der Wurzelknoten die Schnittstelle nach außen darstellt, wird jetzt der aggregierte Preis aller Flüge ausgegeben.

SQLScript

Betrachten wir nun die Anlage eines Calculation Views über SQLScript. Der Einstieg entspricht zunächst dem zuvor beschriebenen Vorgehen.

1. Markieren Sie mit der rechten Maustaste im Content-Ordner ein Paket, in dem Sie den Calculation View anlegen möchten, und wählen Sie im Kontextmenü NEW • CALCULATION VIEW.
2. Geben Sie als NAMEN *CA_FLIGHT_SQL* ein und als BESCHREIBUNG *Calculation Flight SQL*.
3. Nehmen Sie in diesem Fall aber als TYPE den Wert *SQLScript*.
4. Als PARAMETER CASE SENSITIVE legen Sie fest, ob bei Parametern die Groß- und Kleinschreibung relevant sein soll.
5. Drücken Sie den Button FINISH.

Im Bereich PROPERTIES von Eclipse sehen Sie einige Daten, die für die SQL-Codierung außerdem wichtig sind (Abbildung 2.28):

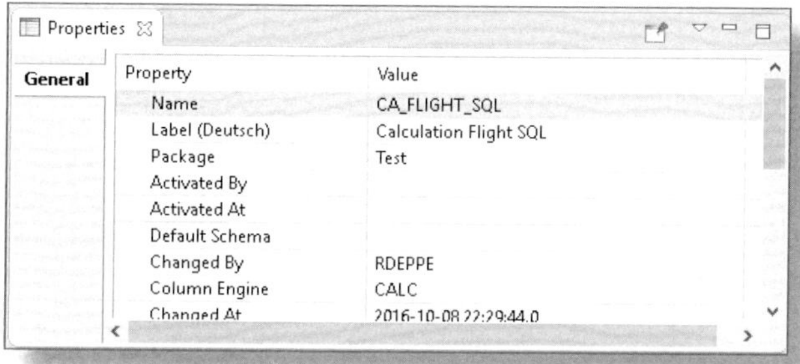

Abbildung 2.28: Properties des Calculation Views mit SQLScript

- *Default Schema* definiert das Standard-Datenbankschema, sodass Sie dieses nicht bei den Selektionstabellen angeben müssen.
- *Run With* (hier nicht mehr zu sehen) gibt an, für welchen User die SQL-Berechtigungen bei der Datenbankselektion überprüft werden sollen. Wenn hier *Invokers Rights* steht, werden die Berechtigungen des Aufrufers überprüft.

Abbildung 2.29 zeigt wiederum das Ausgangsbild des Calculation Views.

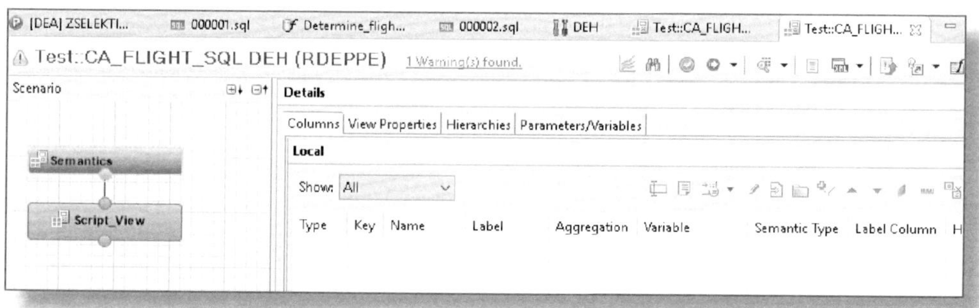

Abbildung 2.29: Ausgangsbild Calculation View (SQLScript)

Im Moment sehen Sie die Eingabemöglichkeiten für SEMANTICS. Sie können hier u. a. Beschreibungen, Hierarchien und Eingabeparameter oder Variablen definieren.

Mit Klick auf den Knoten SCRIPT VIEW können Sie rechts in den DETAILS das Coding für den View eingeben (siehe Abbildung 2.30). VAR_OUT ist der Ausgabeparameter des Calculation Views mit SQLScript.

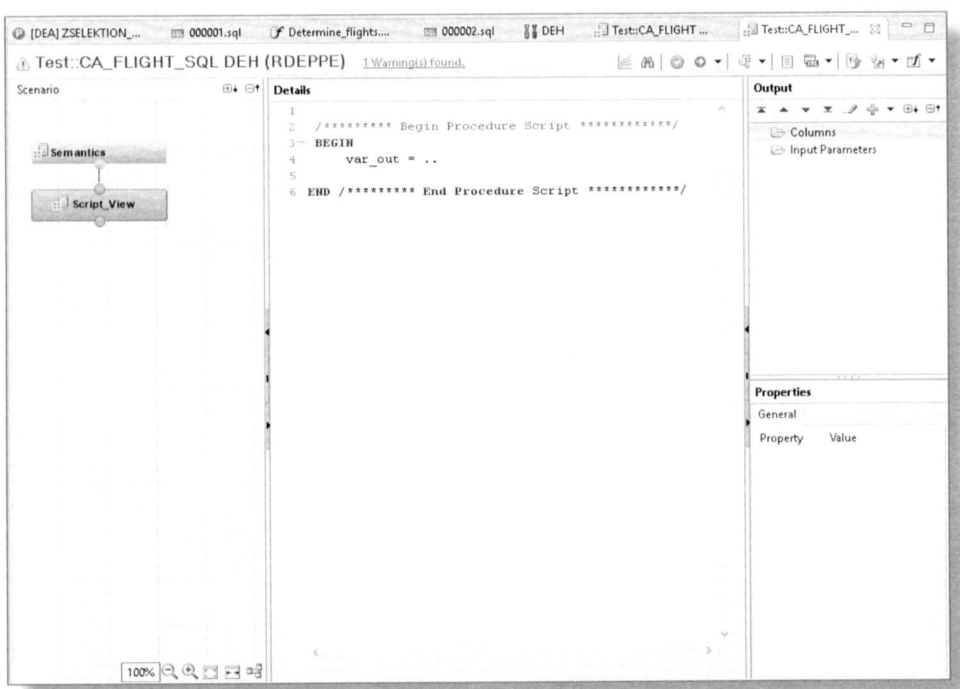

Abbildung 2.30: Coding des Calculation Views mit SQLScript

6. Um die Ausgabestruktur zu definieren, drücken Sie im Bereich OUTPUT mit der rechten Maustaste auf den Ordner COLUMNS und wählen *Create Columns*. Daraufhin öffnet sich ein Fenster, in dem Sie weitere Spalten ergänzen können.

7. Geben Sie die Spalten gemäß Abbildung 2.31 ein.

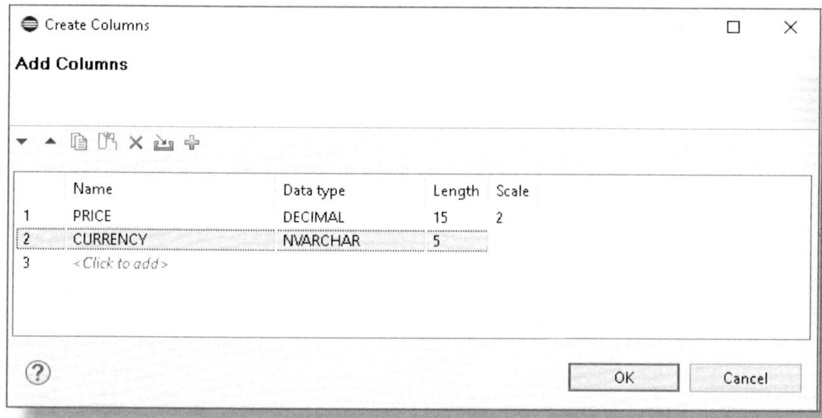

Abbildung 2.31: Ausgabestruktur des Calculation Views mit SQLScript

8. Füllen Sie das Coding mit dem aus Listing 2.24.

```
/********* Begin Procedure Script ************/
BEGIN
       var_out = SELECT price, currency
                 FROM "Test::AN_AIRLINE";
END /********* End Procedure Script ************/
```

Listing 2.24: Calculation View mit SQLScript

Nach Klick auf OK gelangen Sie wieder in den Editor. Sie finden den Namen des aufzurufenden Views AN_AIRLINE unter SEMANTICS • VIEW PROPERTIES • COLUMN VIEW NAME (siehe Abbildung 2.32).

Gleichzeitig gibt es ein PUBLIC SYNONYM (öffentliches Synonym), über das der View aufrufbar ist. So wird aus dem Namen *Test/AN_AIRLINE* dann *Test::AN_AIRLINE*. »Test« ist dabei der Name des Pakets, in dem der Analytic View aus Abschnitt 2.6.2 angelegt wurde.

Eindeutigkeit der Namen nur innerhalb des Pakets

Die Angabe des Paketnamens ist wichtig, weil Namen nur innerhalb eines Pakets eindeutig sind. In einem anderen Paket kann es einen anderen View mit demselben Namen geben.

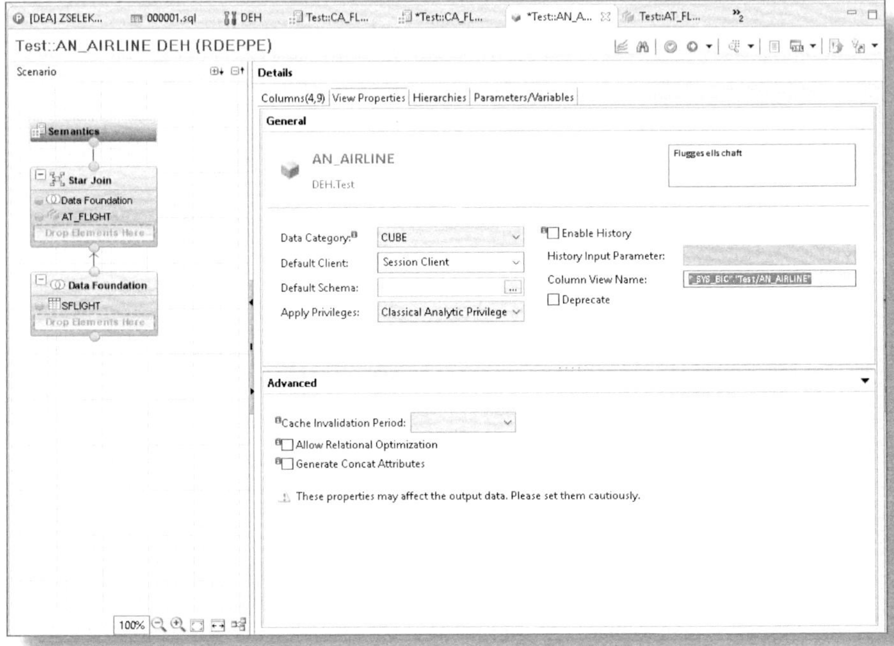

Abbildung 2.32: Aufrufername des Views

Damit das System weiß, wie es mit den Daten der Schnittstelle umgehen kann, muss man diese noch typisieren.

9. Wechseln Sie in den Knoten SEMANTICS.

10. Geben Sie im Bereich DETAILS in der Registerkarte COLUMNS für die Spalte TYPE an, ob es sich um ein Attribut oder eine Kennzahl (Measure) handelt.

11. Aktivieren Sie den View über den Button .

2.6.4 Laufzeitobjekte der Views

Laufzeitobjekte enthalten die Ergebnisse der nach dem Aktivieren angelegten Views. Für jeden View wird nach dem Aktivieren im Schema

_SYS_BIC mindestens ein Column View angelegt, der wie alle über normales SQL ansprechbar ist. Auch Hierarchien, Kennzahlen und berechnete Felder führen zu eigenen Column Views. Für einen Calculation View mit SQLScript werden eine Datenbankprozedur und für den Exportparameter VAR_OUT ein Tabellentyp angelegt.

Attribute Views lassen sich nur in Joins ohne Aggregationen einsetzen. Demgegenüber können Analytic Views nur mit Aggregationen (COUNT, SUM, AVG usw.) in Selects verwendet werden.

Sie können sich die Ergebnisse Ihrer Views ansehen, indem Sie im Kontextmenü auf DATA PREVIEW klicken. Allerdings sehen Sie dort nur einen Ausschnitt der Daten. Wenn Sie SAP HANA Client installiert haben, der zum Lieferumfang von SAP HANA gehört, können Sie die Daten auch in Microsoft Excel aufrufen. Im Datenimport-Wizard von Excel finden Sie den SAP HANA MDX PROVIDER, der Ihnen die Daten in eine Pivot-Excel-Tabelle legt.

2.7 Einbindung der Objekte aus SAP HANA Studio in ABAP-Programme

Sie haben gerade gelernt, wie Sie mit SAP HANA Studio Daten aus der Datenbank auslesen können. Nun zeigen wir Ihnen, wie Sie diese analytischen Views und Datenbankprozeduren in ABAP-Programme einbinden. Dabei steht »analytische Views« für die drei Viewtypen Attribute, Analytic und Calculation. Ansprechbar sind die analytischen Views über die unter CATALOG im Datenbankschema _SYS_BIC generierten Column Views.

Die ABAP-Programme legen Sie bekanntlich in der Perspektive ABAP an.

2.7.1 Aufrufen analytischer Views

Vor ABAP 7.4 konnten Column Views aus ABAP-Programmen heraus nur über Native SQL angesprochen werden. Seit ABAP 7.4 gibt es die

Möglichkeit, die Views aus dem SAP HANA Repository in das ABAP Dictionary zu importieren, sodass die Objekte danach über ABAP SQL ansprechbar sind.

Der Zugriff über Native SQL aus ABAP heraus geschieht am besten mithilfe von ADBC, das wir Ihnen in Abschnitt 2.2 vorgestellt haben. In Listing 2.25 sehen Sie als Beispiel die Selektion aus dem Attribute View Test/AT_FLIGHT aus dem Paket »Test« mit dem Namen AT_FLIGHT. Bedenken Sie, dass Sie das Selektionsstatement in Native SQL schreiben müssen.

```
TYPES: BEGIN OF type_data,
         carrid    TYPE s_carr_id,
         connid    TYPE s_conn_id,
         city_from TYPE s_from_cit,
         city_to   TYPE s_to_city,
       END OF type_data.

DATA gt_data TYPE STANDARD TABLE OF type_data.
CONSTANTS: gc_lufthansa TYPE s_carr_id VALUE 'LH',
           gc_view TYPE string VALUE 'Test::AT_FLIGHT'.

* Variablen füllen
DATA(gv_statement)
          = |SELECT carrid, connid, cityfrom, cityto |
         && |FROM "{ gc_view }" |
         && |WHERE mandt = { sy-mandt } |
         && |AND carrid = '{ gc_lufthansa }'|.

TRY.
* Select vorbereiten
    DATA(go_connection)
              = cl_sql_connection=>get_connection( ).
    DATA(go_statement)
         = go_connection->create_statement( ).

* Select durchführen
    DATA(go_result_set) = go_statement->execute_query(
```

```
                                     gv_statement ).
    go_result_set->set_param_table( REF #( gt_data ) ).
    go_result_set->next_package( ).
    go_result_set->close( ).
  CATCH cx_sql_exception INTO DATA(gx_exception).
    DATA(gv_error_message)
                         = gx_exception->get_text( ).
    MESSAGE gv_error_message TYPE 'E'.
ENDTRY.

LOOP AT gt_data
     ASSIGNING FIELD-SYMBOL(<gs_data>).
  WRITE: / <gs_data>-carrid,
           <gs_data>-connid,
           <gs_data>-city_from,
           <gs_data>-city_to.
ENDLOOP.
```

Listing 2.25: ADBC für Attribut View AT_FLIGHT

Falls die Möglichkeit eines Traces in Betracht gezogen werden soll, muss der Viewname an die Methode CREATE_STATEMENT übergeben werden:

```
DATA(go_result_set) = cl_sql_connection=>get_connection(
)->create_statement( tab_name_for_trace =
            CONV #( gc_view )
       )->execute_query( gv_statement ).
```

Externe Views

Der Zugriff über ABAP SQL erfordert, dass die analytischen Views in das ABAP Dictionary importiert werden. Dort stehen sie als sogenannte *externe Views* zur Verfügung. Sie werden deshalb als »extern« bezeichnet, weil im ABAP Dictionary nur ein *Proxy* (Stellvertreter) zur Verfügung steht, der die Verbindung zum View im Schema _SYS_BIC herstellt.

Einen externen View im ABAP Dictionary können Sie nur über die ABAP-Perspektive (ABAP Development Tools) in Eclipse erstellen, wie im Folgenden gezeigt:

1. Wechseln Sie auf die ABAP-Perspektive von Eclipse.
2. Melden Sie sich im SAP-System des Project Explorers an.
3. Markieren Sie ein Paket (in diesem Fall das $TMP-Paket) mit der rechten Maustaste und wählen Sie NEU • ANDERES REPOSITORY-OBJEKT.
4. Wählen Sie im Ordner ABAP DICTIONARY den DICTIONARY-VIEW und drücken Sie den Button NEXT.
5. Geben Sie als Namen *ZEV_FLIGHT* an und markieren Sie EXTERNE VIEW.
6. Ergänzen Sie den Namen Ihres SAP-HANA-VIEWS. Sie können dabei den Button DURCHSUCHEN verwenden.
7. Tragen Sie eine BESCHREIBUNG ein.
8. Folgen Sie den weiteren Anweisungen.

Wenn der Import erfolgreich war, sehen Sie anschließend die Struktur des neu angelegten Dictionary Views. Diesen können Sie jetzt wie jeden normalen ABAP-View über eine normale ABAP-Selektion verwenden.

Sollten Sie einen View verwenden, dessen HANA-Feldtypen nicht in einen ABAP-Typ konvertierbar sind, wird der Import fehlschlagen, und Sie können nicht per ABAP SQL auf den View zugreifen.

Sie sehen im Dictionary View, dass die Spalte DDIC-Typ änderbar ist. Sie müssen als Entwickler die Werte in dieser Spalte manuell an die Erfordernisse anpassen, weil viele HANA-Typen den ABAP-Typen nicht eindeutig zuordenbar sind (z. B. Datum).

In Abschnitt 2.6.4 haben wir dargelegt, dass jeder View-Typ seine Beschränkungen beim SQL-Aufruf hat. Diese Beschränkungen gelten auch bei der ABAP-SQL-Verwendung eines externen Views.

Wenn Sie den SAP-HANA-View in HANA Studio ändern, müssen Sie den externen View über den Button SYNCHRONISIEREN anpassen, weil es sonst zu einem Laufzeitfehler kommt.

Sie können auf die externen Views auch mithilfe von Native SQL, etwa über ADBC wie bereits in Listing 2.25 gezeigt, zugreifen. Dies kann sinnvoll sein, weil Native SQL Funktionalitäten anbietet, die es in ABAP SQL nicht gibt (z. B. Fuzzy-Suche).

2.7.2 Aufruf von HANA-Datenbankprozeduren

Um HANA-Datenbankprozeduren (siehe Abschnitt 2.5.1) aus ABAP-Programmen heraus aufzurufen, bestehen zwei Möglichkeiten:

1. Zugriff über ADBC und dessen natives SQL – möglich seit ABAP-Release 7.0 und SAP-Kernel 7.20
2. Aufruf von *Database Procedure Proxies* – diese stehen Ihnen erst ab ABAP-Release 7.4 zur Verfügung. SAP HANA muss als Primärdatenbank verwendet werden.

Zugriff über ADBC

In Abschnitt 2.2 haben Sie bereits gelernt, dass ADBC die Klasse CL_SQL_STATEMENT verwendet, um auf Daten zuzugreifen. Auch für den Aufruf von Datenbankprozeduren steht Ihnen das ADBC zur Verfügung.

Wenn die Datenbankprozedur keine Ein- oder Ausgabeparameter als Strukturen oder Tabellen hat, können Sie die Methode EXECUTE_PROCEDURE der Klasse zum Aufruf der Prozedur nutzen. Anderenfalls rufen Sie die Datenbankprozedur über die Methode EXECUTE_QUERY auf.

Für den Aufruf von Ein- oder Ausgabeparametern ohne Strukturen und Tabellen sollte Ihr Coding wie in Listing 2.26 aussehen.

```
DATA gv_price TYPE s_price.
CONSTANTS: lc_mandt  TYPE s_mandt   VALUE '100',
           lc_carrid TYPE s_carr_id VALUE 'LH',
           lc_connid TYPE s_conn_id VALUE '0400'.


TRY.
    DATA(go_sql_statement) = cl_sql_connection=>get_
connection( )->create_statement( ).
    go_sql_statement->set_param(
          data_ref = REF #( lc_mandt )
           inout    = cl_sql_statement=>c_param_in
           ).
    go_sql_statement->set_param(
          data_ref = REF #( lc_carrid )
          inout    = cl_sql_statement=>c_param_in
          ).
    go_sql_statement->set_param(
          data_ref = REF #( lc_connid )
          inout    = cl_sql_statement=>c_param_in
          ).
    go_sql_statement->set_param(
          data_ref = REF #( gv_price )
          inout    = cl_sql_statement=>c_param_out
          ).
    go_sql_statement->execute_procedure(
                               'rdeppe.flight_price' ).
  CATCH cx_root INTO DATA(lx_error).
    WRITE |{ lx_error->get_text( ) }|.
ENDTRY.

WRITE gv_price.
```

Listing 2.26: Aufruf einer Datenbankprozedur ohne Strukturen oder Tabellen als Parameter

Hier wird die Datenbankprozedur FLIGHT_PRICE, die wir in Listing 2.20 angelegt haben, aus einem normalen ABAP-Programm gerufen. Zuvor werden die Parameter in der gleichen Reihenfolge in den Speicher geladen, wie Sie im Parameterschema der Datenbankprozedur vorliegen.

Wenn die Schnittstelle der Datenbankprozedur Strukturen oder Tabellen besitzt, müssen Sie die Methode EXECUTE_QUERY verwenden. Dabei werden die Parameter der Datenbankprozedur in der Statement-Schnittstelle der Methode EXECUTE_QUERY übergeben.

Sofern Tabellen als Parameter vorhanden sind, müssen Sie mit temporären Übergabetabellen arbeiten. Temporäre Tabellen werden von der Datenbank gelöscht, sobald sie nicht mehr benötigt werden, und sind performanter als normale Datenbanktabellen.

- Bei **globalen** temporären Tabellen steht die Tabellendefinition sessionübergreifend zur Verfügung. Auf den Tabelleninhalt kann aber nur innerhalb einer Programmhierarchie-Session zugegriffen werden. Somit hat jede dieser Sessions ihren eigenen Speicherbereich. Der Inhalt wird am Ende der Session gelöscht.
- Bei **lokalen** temporären Tabellen sind sowohl Tabellendefinition als auch Tabelleninhalt nur innerhalb einer Programmhierarchie-Session aufrufbar. Beide werden am Ende der Session gelöscht.
- Globale temporäre Tabellen, die zur Designzeit angelegt werden, sind transportierbar. Sie sind aber auch zur Laufzeit anlegbar.

Im Folgenden werden wir aus einem ABAP-Programm eine Datenbankprozedur aufrufen, die eine Tabelle als Ausgangsparameter besitzt. Die Datenbankprozedur finden Sie in Listing 2.18.

```
TYPES: BEGIN OF type_flight,
         carrid TYPE s_carr_id,
         connid TYPE s_conn_id,
       END OF type_flight.
DATA: lv_statement TYPE string,
      lt_flight    TYPE TABLE OF type_flight.
CONSTANTS lc_carrid TYPE s_carr_id VALUE 'LH'.

TRY.
    lv_statement = |DROP TABLE #ET_FLIGHTS|.
    cl_sql_connection=>get_connection(
```

```
    )->create_statement( )->execute_ddl( lv_statement ).
  CATCH cx_sql_exception.
ENDTRY.

TRY.
    lv_statement = |CREATE LOCAL TEMPORARY ROW|
        && | TABLE #ET_FLIGHTS LIKE RDEPPE.TT_FLIGHTS|.
    cl_sql_connection=>get_connection(
    )->create_statement( )->execute_ddl( lv_statement ).

    lv_statement = |CALL "RDEPPE.FLIGHTS"|
                && |( '{ sy-mandt }', '{ lc_carrid }',|
                && | #ET_FLIGHTS ) WITH OVERVIEW|.
    DATA(lo_result_set) =
        cl_sql_connection=>get_connection(
          )->create_statement(
          )->execute_query( lv_statement ).
    lo_result_set->close( ).

    lv_statement = |SELECT * FROM #ET_FLIGHTS|.
    lo_result_set = cl_sql_connection=>get_connection(
                      )->create_statement(
                     )->execute_query( lv_statement ).

    lo_result_set->set_param_table(
                   REF #( lt_flight ) ).
    lo_result_set->next_package( ).
    lo_result_set->close( ).
  CATCH cx_sql_exception INTO DATA(lo_error).
    WRITE: | { lo_error->get_text( ) } |.
ENDTRY.

LOOP AT lt_flight
     ASSIGNING FIELD-SYMBOL(<ls_flight>).
  WRITE: / <ls_flight>-carrid,
           <ls_flight>-connid.
ENDLOOP.
```

Listing 2.27: ABAP-Aufruf einer Datenbankprozedur mit Tabelle als Ausgangsparameter

1. Mithilfe der Anweisung DROP TABLE wird zunächst eine eventuell vorhandene lokale Tabelle #ET_FLIGHTS gelöscht, um sicherzustellen, dass keine fremden Daten gelesen werden.

2. Über die Anweisung CREATE LOCAL TEMPORARY ROW TABLE wird die lokale Tabelle #ET_FLIGHTS angelegt.

3. Die CALL-Anweisung ruft die Datenbankprozedur FLIGHTS aus dem Schema RDEPPE auf und übergibt die Parameter SY-MANDT und LC_CARRID.

4. Anschließend wird über eine SELECT-Anweisung die temporäre Tabelle #ET_FLIGHTS ausgelesen.

5. Die Übergabe des Inhalts erfolgt dann mithilfe der Methode SET_PARAM_TABLE an die interne Tabelle LT_FLIGHT. Schließlich wird die interne Tabelle ausgelesen.

Wenn wir eine Tabelle als Eingangsparameter haben, sieht das Listing für die Datenbankprozedur etwa wie in Listing 2.28 aus.

```
CREATE PROCEDURE flights_2(
   IN iv_mandt NVARCHAR(3),
   IN it_flights RDEPPE.TT_FLIGHTS,
   OUT ev_price DECIMAL(8,4) ) AS
BEGIN
/* Coding */
END;
```

Listing 2.28: Datenbankprozedur mit Tabelle als Eingangsparameter

Dann könnte der Aufruf aus dem ABAP-Programm gemäß Listing 2.29 vollzogen werden.

```
TYPES: BEGIN OF type_flight,
         carrid TYPE s_carr_id,
         connid TYPE s_conn_id,
       END OF type_flight.
DATA: gv_statement TYPE string,
      gt_flight    TYPE TABLE OF type_flight,
      gv_price     TYPE s_price.
```

```
APPEND VALUE #( carrid = 'LH'
                connid = '0400' )
       TO gt_flight.

APPEND VALUE #( carrid = 'AA'
                connid = '3200' )
       TO gt_flight.

TRY.
    gv_statement = |CREATE LOCAL TEMPORARY ROW|
         && | TABLE #IT_FLIGHTS LIKE RDEPPE.TT_FLIGHTS|.
    cl_sql_connection=>get_connection(
                      )->create_statement(
                      )->execute_ddl( gv_statement ).

    LOOP AT gt_flight
         ASSIGNING FIELD-SYMBOL(<gs_flight>).
      gv_statement = |INSERT INTO #IT_FLIGHTS VALUES|
                   && |('{ <gs_flight>-carrid }',|
                  && | '{ <gs_flight>-connid }')|.
      cl_sql_connection=>get_connection(
                       )->create_statement(
                        )->execute_update( gv_statement ).
    ENDLOOP.

    gv_statement = | CALL "RDEPPE.FLIGHTS_2"|
                 && |( '{ sy-mandt }', #IT_FLIGHTS,|
                 && | '{ gv_price }') WITH OVERVIEW|.
    DATA(go_result_set) = cl_sql_connection=>get_connection(
        )->create_statement( )->execute_query( gv_statement ).
    go_result_set->close( ).
  CATCH cx_sql_exception INTO DATA(lo_error).
    WRITE: | { lo_error->get_text( ) } |.
ENDTRY.

WRITE gv_price.
```

Listing 2.29: ABAP-Aufruf einer Datenbankprozedur mit Tabelle als Eingangsparameter

Zunächst wird die interne Tabelle GT_FLIGHT mit Daten gefüllt. Daraufhin wird die lokale temporäre Tabelle #IT_FLIGHTS angelegt und anschließend mit Daten versorgt. Zum Schluss wird die Datenbankprozedur FLIGHTS_2 im Schema RDEPPE aufgerufen und mit Parametereingaben versorgt.

Zugriff über Database Procedure Proxies

Ab dem ABAP-Release 7.4 können Sie *Database Procedure Proxies* verwenden, wenn Sie über Native SQL auf die HANA-Datenbank zugreifen möchten. Eine weitere Voraussetzung ist, dass die HANA-Datenbank als Primärdatenbank genutzt wird. Der Datenaustausch findet dabei über eigentlich veraltetes XML statt.

Der Database Procedure Proxy ist ein Stellvertreterobjekt auf dem ABAP-Applikationsserver, der die Datenbankprozedur repräsentiert und mit ihr verbunden ist.

Nur einen Database Procedure Proxy je Prozedur

Grundsätzlich kann man mehrere Database Procedure Proxies für eine Datenbankprozedur anlegen. Sie sollten dieses aber zwecks einer besseren Übersicht vermeiden, sondern nur einen Proxy für eine Prozedur verwenden.

Für jeden Database Procedure Proxy wird ein Interface angelegt, über das der Austausch stattfindet. Sie können die Parameter und Datentypen anpassen, was insbesondere für die Datentypen häufig vonnöten ist, weil die Verbindung zwischen Native SQL- und ABAP-Datentypen nicht eindeutig ist. Die Namen der Parameter können Sie bei Bedarf anpassen: Umfasst ein Parameter-Name mehr als dreißig Zeichen, verkürzt ihn das System automatisch. Die so erstellten Namen können Sie nachträglich ändern, um eine bessere Lesbarkeit und Eindeutigkeit zu gewährleisten.

Database Procedure Proxies haben gegenüber ADBC den Vorteil, dass der Aufruf der Datenbankprozeduren einfacher ist, zumal damit die Verwendung temporärer Tabellen entfällt.

Im Folgenden werden wir einen Database Procedure Proxy für die Datenbankprozedur *Test_XS_Project::Determine_flights* anlegen, welche Sie aus Listing 2.21 kennen.

1. Stellen Sie sicher, dass Sie sich in der ABAP-Perspektive von Eclipse befinden.
2. Gehen Sie auf das Menü FILE • NEW • OTHER.
3. Wählen Sie im Pop-up den Ordner ABAP.
4. Wählen Sie im ABAP-Ordner DATENBANKPROZEDUR-PROXY und drücken Sie den Button NEXT. Es öffnet sich ein Pop-up gemäß Abbildung 2.33.

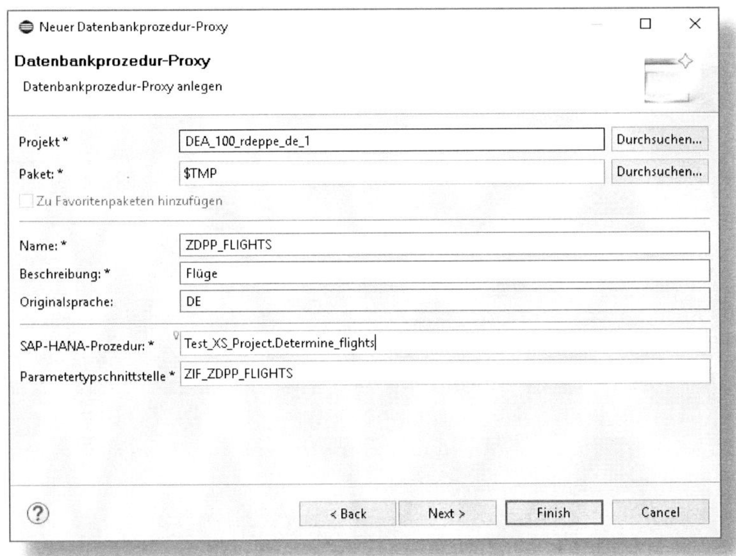

Abbildung 2.33: Anlage eines Database Procedure Proxies

5. Geben Sie ein Paket an, in diesem Fall *$TMP*.

6. Nehmen Sie als NAMEN *ZDPP_FLIGHTS* und als BESCHREIBUNG *Flüge*. Der Name muss im Kundennamensraum liegen.

7. Als SAP-HANA-Prozedur wählen Sie die Datenbank-Prozedur aus Listing 2.21 *Test_XS_Project.Determine_flights*. Dabei ist Groß-/Kleinschreibung wichtig.

8. Als PARAMETERTYPSCHNITTSTELLE tragen Sie *ZIF_ZDPP_FLIGHTS* ein. Sie ist das Interface, welches ebenfalls angelegt wird. Dieses Interface besteht aus den Komponenten der Schnittstelle der Datenbankprozedur.

9. Drücken Sie den Button FINISH.

   Im PROJECT EXPLORER finden Sie nun den Database Procedure Proxy im genannten Paket im Knoten DICTIONARY • DB PROCEDURE PROXIES. Das Interface befindet sich im gleichen Paket im Knoten SOURCE LIBRARY.

10. Überprüfen Sie die Daten des Database Procedure Proxies in den Spalten ABAP NAME, ABAP TYPE und DDIC TYPE OVERRIDE. Für die ABAP-Typen können Datenelemente verwendet werden.

Der Aufruf der Database Procedure Proxy aus einem ABAP-Programm erfolgt durch eine einfache CALL-Anweisung (siehe Listing 2.30).

```
TRY.
    CALL DATABASE PROCEDURE
         zdpp_flights
           EXPORTING
*            Parameter
           IMPORTING
*            Parameter
         .
  CATCH cx_sy_db_procedure_sql_error
        cx_sy_db_procedure_call INTO DATA(go_error).
    WRITE: | { go_error->get_text( ) } |.
ENDTRY.
```

Listing 2.30: Aufruf eines Database Procedure Proxies aus ABAP

Die Variablen des ABAP-Programms für die Parameter können auf die Felder des Interfaces typisiert werden.

Wenn Sie die Schnittstelle der Datenbankprozedur ändern, müssen Sie auch das Proxy-Objekt anpassen. Dieses können Sie mithilfe eines SYNCHRONIZE-Buttons tun.

Gemischte Systemlandschaften

In einer Systemlandschaft, in der sowohl eine HANA-Datenbank als auch traditionelle Datenbanken genutzt werden, sollten Sie in Ihren Programmen unterscheiden, auf welchem Datenbanktyp sie laufen.

```
IF cl_db_sys=>dbsys_type = 'HDB'.
* Aufruf der HANA-Objekte
ELSE.
* Verarbeitung der traditionellen DDIC-Objekte
ENDIF.
```

2.8 Transport der HANA-Objekte

Der Transport von HANA-Objekten erfolgt mithilfe einer *Delivery Unit*. Dies ist eine Sammlung von Paketen, die gemeinsam transportiert werden sollen. Wir haben in Abschnitt 1.3.7 schon einmal darauf hingewiesen, dass im HANA Repository das Paket `sap` alle Objekte beinhaltet, die von der SAP ausgeliefert werden, und `system-local` die Pakete enthält, die nicht transportiert werden sollen. Dementsprechend müssen Sie für Ihre zu transportierenden eigenen Entwicklungen entsprechende Pakete anlegen. Eine Delivery Unit für Ihre Pakete muss immer explizit angelegt werden.

Im Folgenden ordnen wir ein Paket einer Delivery Unit zu.

1. Gehen Sie in der Perspektive SAP HANA DEVELOPMENT auf der linken Seite des Eclipse-Bildschirms auf die Registerkarte REPOSITORIES.

2. Markieren Sie ein Paket und wählen Sie mit der rechten Maustaste im Kontextmenü EDIT PACKAGE.

Es öffnet sich das in Abbildung 2.34 gezeigte Pop-up mit den Paketeigenschaften.

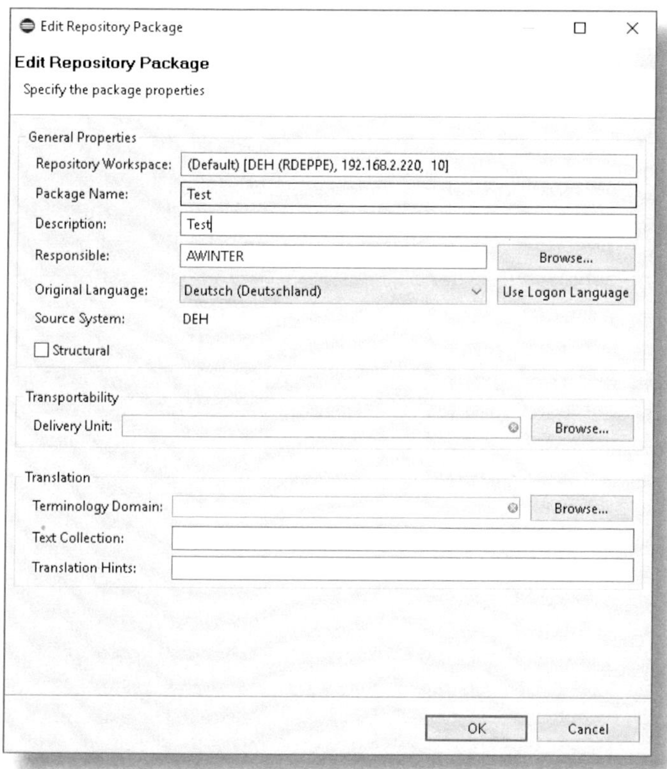

Abbildung 2.34: Paketeigenschaften

3. Ordnen Sie eine vorhandene Delivery Unit über den Button BROWSE zu.

Wenn Sie eine neue Delivery Unit anlegen möchten, wählen Sie im Menü WINDOWS • SHOW VIEW • OTHER die Ansicht QUICK VIEW. Hier wählen Sie den Link DELIVERY UNITS und folgen den Anweisungen.

Sollte der Name des Schemas in einem Entwicklungssystem vom Namen eines Schemas im Qualitätssicherungs- oder Produktivsystem abweichen, müssen Sie ein *Schema-Mapping* durchführen. Dieses ist i. d. R. bei Systemschemas notwendig, deren Name aus den Begriffen »SAP« und »System-ID« zusammengesetzt ist. Das Quell-Schema wird als Entwicklungsschema (*Authoring Schema*) und das Ziel-Schema als physikalisches Schema (*Physical Schema*) bezeichnet. Sie können mehrere Entwicklungsschemas auf demselben physikalischen, aber ein Entwicklungsschema nicht auf mehreren physikalischen Schemas abbilden.

Ab dem Release SAP NetWeaver 7.31 Support Package 5 sowie ab dem Release 7.4 steht der *HANA-Transportcontainer* zur Verfügung. Er ist ein Proxy-Objekt für genau eine Delivery Unit. Hiermit können Entwicklungsobjekte des SAP HANA Repositories mit den Mechanismen des *Change and Transport Systems* (CTS) des ABAP-Applikationsservers transportiert werden.

Mithilfe des Transportcontainers werden ABAP-Programme und dazugehörige HANA-Objekte zeitgleich transportiert.

Im Folgenden legen wir einen HANA-Transportcontainer an.

1. Gehen Sie auf die ABAP-Perspektive.
2. Wählen Sie im Menü FILE • NEW • OTHER.
3. Im nächsten Pop-up öffnen Sie den Ordner ABAP und wählen SAP-HANA-TRANSPORT-CONTAINER.
4. Drücken Sie den Button NEXT.
5. Abbildung 2.35 zeigt das sich öffnende Fenster; hier geben Sie ein PAKET ein und wählen als SAP-HANA-AUSLIEFERUNGSEINHEIT den Namen der Delivery Unit, für die der Transportcontainer angelegt werden soll.

Aus dem Namen der Delivery Unit wird automatisch der Name des Transportcontainers ermittelt. Wenn Sie in ABAP einen Präfixnamensraum verwenden, muss dieser in die Datenbanktabelle SNHI_VENDOR_MAPP eingetragen worden sein.

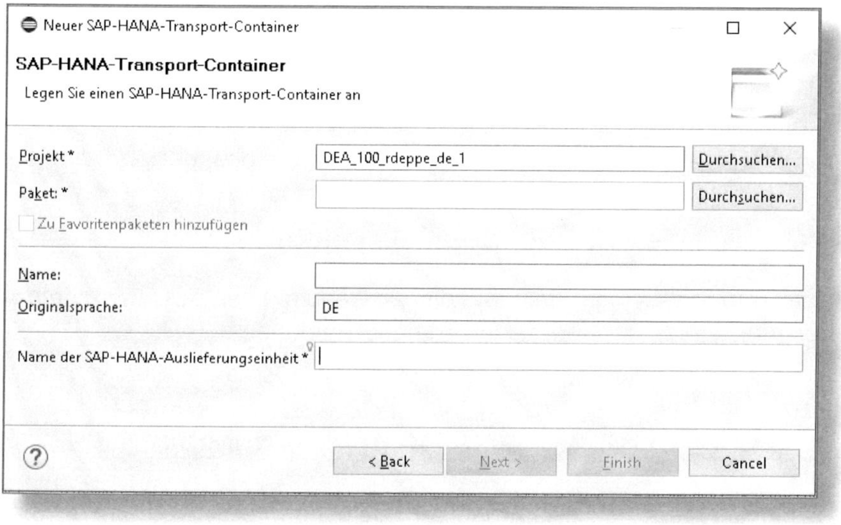

Abbildung 2.35: Anlage Transportcontainer

Gemäß den Transporteigenschaften des Pakets wird die Anlage des Transportcontainers in einem Transportauftrag aufgezeichnet. Alle Objekte der Delivery Unit werden bei der Anlage des Containers als gepackte Datei auf den ABAP-Applikationsserver geladen und in der Datenbanktabelle SNHI_DU_PROXY als Byte-String abgelegt. Somit ist der Inhalt der Delivery Unit zweimal vorhanden: sowohl im HANA Repository als auch in der Datenbanktabelle SNHI_DU_PROXY. Der Inhalt ist also einem Transportauftrag des ABAP-Applikationsservers zugeordnet und kann transportiert werden. Vergewissern Sie sich, den Transportcontainer in der ABAP-Perspektive zu aktivieren, sonst kann der Transportauftrag nicht freigegeben werden.

Wenn Sie an den Objekten des HANA-Repositories, die sich in dem Transportauftrag befinden, etwas geändert haben, müssen Sie den Transportcontainer manuell synchronisieren. Dazu gehen Sie in der

ABAP-Perspektive auf den Eintrag des Transportcontainers und klicken dort in der Übersichtsseite auf den Link TAKE SNAPSHOT AND SAVE.

Immer komplette Delivery Unit transportieren

Mit einem Transportcontainer übergeben Sie immer die komplette Delivery Unit. Sie können den Transport nicht auf einzelne geänderte Objekte einschränken. Auch werden die geänderten Objekte nicht exklusiv für einen Transportauftrag gesperrt.

Das Transportsystem erkennt keine Abhängigkeiten zwischen mehreren gleichzeitig transportierten Transportcontainern.

2.9 ABAP-Erweiterungen seit Release 7.4 SP5

Wenn Sie dieses Buch aufmerksam gelesen haben, werden Sie festgestellt haben, dass die beschriebene Handhabung der HANA-Objekte sehr umständlich ist:

- Bei Änderungen der HANA-Objekte müssen deren ABAP-Proxies und Transportcontainer immer manuell synchronisiert werden.
- HANA-Entwicklungsobjekte sind nicht an die Versionsverwaltung angeschlossen.
- HANA-Objekte werden bei der Syntaxprüfung von ABAP-Programmen nicht überprüft, was häufig zu Laufzeitfehlern führt.
- HANA-Entwicklungsobjekte und ihre Proxies sind nicht erweiterbar.
- Die Abbildung von SQL-Datentypen auf ABAP-Datentypen muss manuell überwacht werden, weil sie nicht eindeutig ist.

Aus diesem Grund sind seit dem ABAP-Release 7.4 SP5 für mehrere HANA-Objekte gleichbedeutende ABAP-Objekte geschaffen worden, sodass Sie auf die in den Abschnitten 2.5 und 2.6 vorgestellten HANA-

Datenbankprozeduren und analytischen Views verzichten können. All die Vorteile der Native-SQL-Datenbankprogrammierung und des Code Pushdowns sind nun auch in normalen ABAP-Programmen möglich. Somit können Sie für diese Objekte die HANA-Funktionalität nutzen und dabei die Vorteile des ABAP Lifecycle Managements genießen.

2.9.1 Grundlagen der Core Data Services (CDS)

Ein *Core Data Service* (*CDS*) ist eine von SAP geschaffene Möglichkeit zur Definition persistenter Datenmodelle. Dabei geht es um die Ausgestaltung der SQL-Verwendung, stark angelehnt an die Standards SQL-92 und SQL:1999. CDS haben die analytischen HANA-Views abgelöst.

CDS-Objekte gibt es sowohl für den ABAP-Applikationsserver (*ABAP CDS*) – diese Objekte sind weitgehend datenbankunabhängig – als auch für SAP HANA (*HANA CDS*).

CDS-Objekte verwenden viele Funktionen, mit denen sich der Code Pushdown erreichen lässt.

2.9.2 ABAP CDS

Wenn in einem Unternehmen neue SAP-Funktionen eingeführt werden, ist SAP dort i. d. R. bereits mit umfangreichen Datenmodellen vorhanden. Darauf zielt ABAP CDS ab. Es geht v. a. um die Darstellung bereits existierender Geschäftsdaten und weniger um die Neuanlage von Datenbanktabellen.

In SAP S4/HANA gibt es dafür umfangreiche CDS-Views, die solche Sichten auf vorhandene Geschäftsmodelle mit bereits existierenden Datenbanktabellen widerspiegeln. Das hat den Vorteil, dass Sie trotz der Umstellung auf eine andere Technik mit Ihren herkömmlichen Datenbanktabellen weiterarbeiten und dennoch alle Vorteile einer neuartigen Datenbank nutzen können.

ABAP-CDS-Objekte sind neue Objekte des ABAP Dictionarys. Sie enthalten umfangreiche Eigenschaften, deren Ergänzungen das normale SQL erheblich erweitern.

Außerdem erfordern sie keinen speziellen Zugang zur HANA-Datenbank mehr, keinen HANA-Benutzer und keine HANA-Berechtigungen.

CDS-Views

Im Gegensatz zu klassischen ABAP-Dictionary-Views werden die Abfragen für CDS-Views mit der Data Definition Language (DDL) der CDS-Spezifikation beschrieben. Eine solche Definition wird in eine *DDL Source* geschrieben, bei deren Aktivierung in ABAP die Abfrage als SQL-View in der Datenbank gespeichert wird. Zusätzlich werden die CDS-Metadaten im ABAP-Repository abgelegt und für die View-Definition wird im ABAP-Repository-Puffer ein Eintrag erstellt. Je DDL Source erfolgt eine Eintragung in der Tabelle *TADIR*.

Neben DDL Sources und CDS-Views sollten Sie die folgenden Begriffe im Zusammenhang mit ABAP CDS kennen:

- *CDS-Objekt* ist der Oberbegriff für alle CDS-Artefakte, die in DDL Sources definiert werden können. Dazu gehören auch die CDS-Views.
- Eine *CDS-Entität* ist ein strukturierter Datentyp, dessen Daten persistent gespeichert werden. Ein CDS-View ist somit auch eine CDS-Entität. Für jede CDS-Entität erfolgt ebenso wie für DDL Sources ein Eintrag in der Tabelle TADIR. CDS-Entitäten werden nicht transportiert, sondern beim Aktivieren der DDL Sources vom System generiert.
- Der *SQL-View* ist die eigentliche Datenbanksicht, die für die Abfrage gespeichert wird. Er wird im ABAP Dictionary angelegt, unterscheidet sich von einem klassischen ABAP Dictionary View aber dadurch, dass er nur ein technisches Hilfsmittel ist und nicht direkt in ABAP-Programmen verwendet wird. Der SQL-View hat keinen Zugriff auf die CDS-spezifischen Metadaten und ist daher kein eigenständiges, sondern nur ein Teilobjekt des CDS-Views. Auch der SQL-View wird beim Aktivieren der DDL Source vom System generiert und nicht transportiert.

- Die Datenquelle (*Data Source*) ist die Persistenzschicht, die dem CDS-View zugrunde liegt. Als Datenquelle können Datenbanktabellen, klassische ABAP-Dictionary-Views, andere CDS-Views oder externe Views dienen.

Ein CDS-View wird in der ABAP-Perspektive von Eclipse angelegt, mit der ABAP Workbench ist dies nicht möglich.

Im Folgenden legen wir zur Übung einen CDS-View an, der Daten aus SPFLI und SFLIGHT selektiert.

1. Gehen Sie auf der ABAP-Perspektive in den PROJECT EXPLORER.
2. Markieren Sie ein Paket und wählen Sie im Kontextmenü NEW • OTHER ABAP REPOSITORY OBJECT.

Es öffnet sich ein Pop-up gemäß Abbildung 2.36.

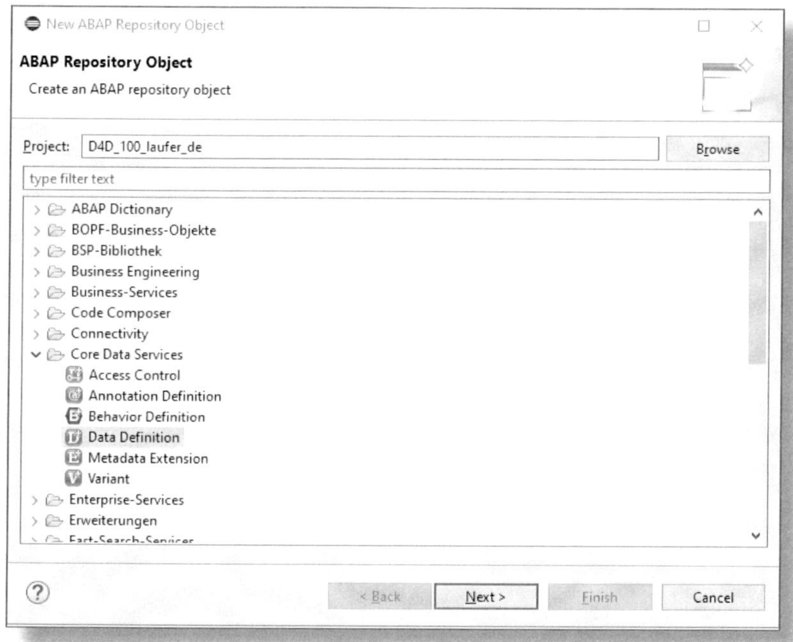

Abbildung 2.36: Auswahl DDL Source als anzulegendes Objekt

3. Markieren Sie im Ordner CORE DATA SERVICES den Menüpunkt DATA DEFINITION (falls Sie ein deutsches Sprachpaket installiert haben, heißt dieser DDL-QUELLTEXT) und drücken Sie den Button NEXT.

4. Geben Sie im nächsten Pop-up (Abbildung 2.37) als NAMEN *ZDDL_FLIGHT* und als DESCRIPTION *Flüge* ein.

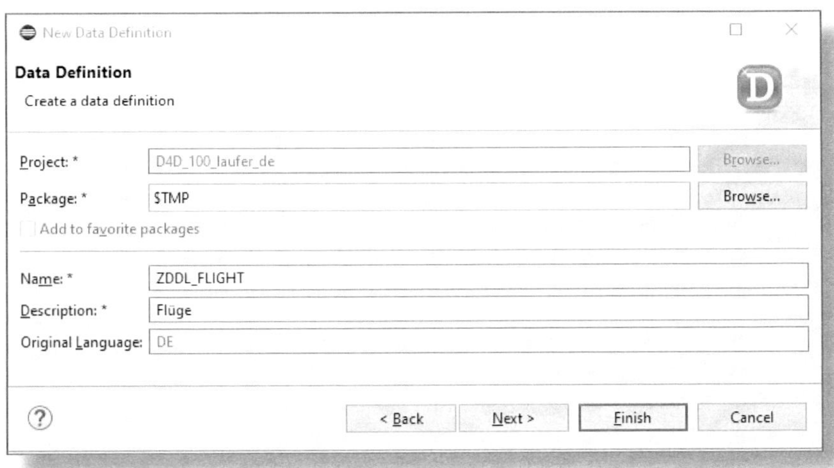

Abbildung 2.37: Anlage DDL Source

5. Klicken Sie auf NEXT.

6. Anschließend müssen Sie einen Transportauftrag auswählen. Wenn Sie das Objekt im Paket *$TMP* anlegen, drücken Sie einfach erneut auf NEXT.

7. Im sich öffnenden Screen können Sie eine Vorlage für den View wählen (Abbildung 2.38); in diesem Fall entscheiden Sie sich für *Define View with Join*.

8. Drücken Sie den Button FINISH.

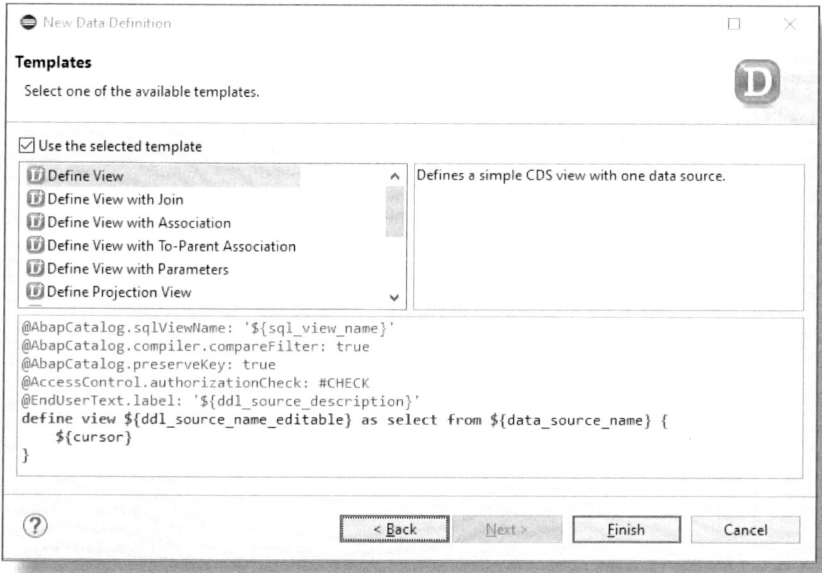

Abbildung 2.38: Auswahl DDL-Vorlage

Sie sollten jetzt ein Coding gemäß Listing 2.31 sehen:

```
@AbapCatalog.sqlViewName: 'sql_view_name'
@AbapCatalog.compiler.compareFilter: true
@AbapCatalog.preserveKey: true
@AccessControl.authorizationCheck: #CHECK
@EndUserText.label: 'Flüge'
define view Zddl_Flight as select from data_source_name
left outer join joined_data_source_name
    on data_source_name.element_name = joined_data_source_
name.joined_element_name {

}
```

Listing 2.31: Anlage DDL Source und SQL-View

In diesem Listing wird ein gleichnamiger CDS-View ZDDL_FLIGHT angelegt. Sie könnten den Namen zwar ändern, aber für ein erleichtertes Erkennen zusammengehöriger Objekte ist es am sinnvollsten, wenn die Namen von DDL Source und CDS-View übereinstimmen.

Sie finden die DDL Source im PROJECT EXPLORER. Bis ABAP-Release 7.4 liegt sie in Ihrem Paket-Ordner ABAP DICTIONARY, Unterordner ABAP-DDL-QUELLTEXTE, ab ABAP-Release 7.5 im Ordner CORE DATA SERVICES, Unterordner DATENDEFINITION.

Sie sehen im Listing des Editors mehrere Platzhalter:

- `sql_view_name` ist der Name des SQL-Views, wie er in *SE11* zu sehen ist. Über die *Annotation* `@AbapCatalog.sqlViewName` wird der Name bekannt gemacht. In diesem Fall muss sich aber der Name des SQL-Views von dem des CDS-Views unterscheiden.
- Über `define view` definieren Sie den *Entitätsnamen* für den CDS-View.
- `data_source_name` und `joined_data_source_name` sind die Namen der Datenbanktabellen, die selektiert werden sollen.
- `element_name` und `joined_element_name` sind die Felder, die über die Joinverbindung miteinander verknüpft werden.

Mit der [Tab]-Taste können Sie von einem Platzhalter zum nächsten springen.

9. Füllen Sie den SQL_VIEW_NAME mit *ZSQL_DDL_FLIGHTS*.

10. Füllen Sie das Coding wie in Listing 2.32. Ändern Sie dabei die Join-Definition nach INNER JOIN.

```
@AbapCatalog.sqlViewName: 'ZSQL_DDL_FLIGHTS' @AbapCatalog.
compiler.compareFilter: true
@AbapCatalog.preserveKey: true
@AccessControl.authorizationCheck: #CHECK
```

```
@EndUserText.label: 'Flüge'
define view Zddl_Flight as select from spfli
inner join sflight
    on  spfli.carrid = sflight.carrid
    and spfli.connid = sflight.connid {
  spfli.carrid,
  spfli.connid,
  spfli.cityfrom,
  spfli.cityto,
  sflight.fldate,
  sflight.price,
  sflight.currency
}
```

Listing 2.32: Füllung des CDS-Views

Die Felder zwischen den Klammern definieren die zu selektierenden Felder und somit auch die Struktur des Views.

11. Aktivieren Sie den View über den Button oder die Tastenkombination [Strg] + [F3].
12. Testen Sie den CDS-View durch Drücken des Buttons oder der Taste [F8].

Vielleicht ist es Ihnen aufgefallen, dass bei der Selektion durch ABAP-CDS-Views keine Mandantenabfrage erfolgt, wie es bei HANA-Objekten bekanntlich der Fall ist. Wir bewegen uns hier im ABAP-Umfeld, und somit wird die Mandantenabfrage automatisch ergänzt.

Wenn Sie in Eclipse unter PROJECT EXPLORER im Ordner ABAP DICTIONARY • VIEWS auf den Namen des so eben angelegten SQL-Views doppelklicken, gelangen Sie zur Anzeige des SQL-Views in der *SE11* (siehe Abbildung 2.39). Dort erkennen Sie, dass das Mandantenfeld automatisch ergänzt wurde.

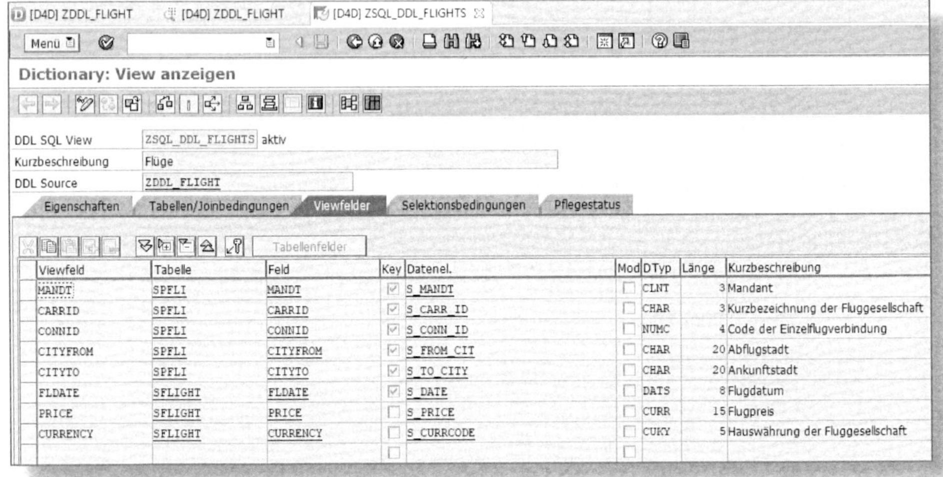

Viewfeld	Tabelle	Feld	Key	Datenel.	Mod	DTyp	Länge	Kurzbeschreibung
MANDT	SPFLI	MANDT	☑	S_MANDT	☐	CLNT	3	Mandant
CARRID	SPFLI	CARRID	☑	S_CARR_ID	☐	CHAR	3	Kurzbezeichnung der Fluggesellschaft
CONNID	SPFLI	CONNID	☑	S_CONN_ID	☐	NUMC	4	Code der Einzelflugverbindung
CITYFROM	SPFLI	CITYFROM	☑	S_FROM_CIT	☐	CHAR	20	Abflugstadt
CITYTO	SPFLI	CITYTO	☑	S_TO_CITY	☐	CHAR	20	Ankunftstadt
FLDATE	SFLIGHT	FLDATE	☑	S_DATE	☐	DATS	8	Flugdatum
PRICE	SFLIGHT	PRICE	☐	S_PRICE	☐	CURR	15	Flugpreis
CURRENCY	SFLIGHT	CURRENCY	☐	S_CURRCODE	☐	CUKY	5	Hauswährung der Fluggesellschaft

Abbildung 2.39: Darstellung des SQL-Views

Sie können sich auch die generierte Select-Anweisung ansehen. Klicken Sie dazu in der Anzeige der *SE11* auf den MENÜ-Button links oben und wählen Sie ZUSÄTZE • CREATE-ANWEISUNG.

Sie können den View jetzt über den Namen des CDS-Views in jeder ABAP-Anwendung in einer SELECT-Anweisung aufrufen.

Wenn sich der CDS-View nicht aktivieren lässt, sehen Sie sich das Aktivierungsprotokoll an. Sie finden es über NAVIGATE • OPEN ACTIVATION LOG in der Anzeige der DDL Source. Wenn Sie zu einem bestimmten Log nähere Informationen haben möchten, drücken Sie gleichzeitig die [Strg]-Taste und den Hyperlink. Suchen Sie nach dem Wort »Error«. Aktivieren Sie dazu die Such-Werkzeugleiste über die Schaltfläche SHOW SEARCH TOOLBAR.

CDS-Views mit Assoziationen

Sie haben eben einen CDS-View angelegt, der über Join-Verbindungen Selektionen aus mehreren Datenbanktabellen durchführt. Mit diesem CDS-View könnten Sie schon arbeiten.

Allerdings kann ein Berater mit den technischen Feld- und Tabellennamen nicht immer etwas anfangen. Um die Beziehungen zwischen Datenbanktabellen nach außen transparenter zu gestalten, wurden die *Assoziationen (Association)* mit sprechenden Namen ins Leben gerufen. Außerdem wird die Performance der HANA-Datenbank an die jeweilige Assoziation angepasst, sodass man schon aus Performancegründen auf die Assoziationsbeschreibung ausweichen sollte.

Im Folgenden werden wir drei CDS-Views anlegen:

1. Der erste CDS-View verbindet die Datenbanktabellen SPFLI und SFLIGHT über eine Assoziation,
2. der zweite verbindet den ersten CDS-View mit der Datenbanktabelle SBOOK und
3. der dritte selektiert eine Auswahl aus dem zweiten CDS-View.

Bei Anlage der CDS-Views wählen Sie im Vorlagenfenster (vgl. Abbildung 2.38) die Vorlage DEFINE VIEW WITH ASSOCIATION.

Im Listing 2.33 für den ersten CDS-View sehen Sie in der SELECT-Anweisung statt eines Joins eine Assoziation.

```
@AbapCatalog.sqlViewName: 'ZSQL_DDL_FLPLAN'
@AbapCatalog.compiler.CompareFilter: true
@AccessControl.authorizationCheck: #CHECK
@EndUserText.label: 'Flugplan'
define view Zddl_Flightplan as select from sflight
association [1..1] to spfli as Connection
    on  sflight.carrid = Connection.carrid
    and sflight.connid = Connection.connid {
  carrid,
  connid,
  fldate,
  price,
  currency,
  planetype,
  seatsmax,
  seatsocc,
  Connection // Make association public
}
```

Listing 2.33: Anlage eines Flugplans als CDS-View mit Assoziationen

Hinter der Assoziation ist die *Kardinalität* [1..1] bezeichnet, die sich zwischen den Datensätzen aus SFLIGHT und SPFLI ergibt. Eine Kardinalität beantwortet die Frage, wie viele Zeilen der rechten Tabelle einer Zeile der linken Tabelle entsprechen. Eine Kardinalität [0..1] oder abgekürzt [1] bedeutet, dass auf der rechten Seite keine oder eine Zeile übereinstimmt. Beispielsweise können in WHERE-Klauseln nur Assoziationen mit der Kardinalität [1] verwendet werden. Eine Kardinalität [1] ist gleichbedeutend mit [0..1], weil der Default-Wert 0 programmtechnisch ergänzt werden würde. Der Klarheit zuliebe sollte dieser Wert aber im Ausdruck mit erscheinen.

Für die Werte der Kardinalität gilt außerdem:

- Ein Stern (*) bedeutet beliebig viele Zeilen.
- »0« darf nur links, aber nicht rechts stehen.
- Ein Stern darf nur rechts, aber nicht links stehen.

Für die Datenbanktabelle SPFLI wurde der Alias CONNECTION vergeben. Der Alias könnte auch entfallen. Indem die Tabelle SPFLI bzw. der Alias CONNECTION zwischen die geschweiften Klammern geschrieben wurde, erscheinen alle Felder dieser Tabelle auch in der Ausgabe des Views.

Mit der ON-Bedingung wird das zu verknüpfende Feld definiert. Die weiteren Assoziationsfelder werden mittels AND-Bedingung aufgelistet.

Die öffnende geschweifte Klammer »{« leitet die Selektionsliste ein. Alle zwischen der öffnenden und schließenden geschweiften Klammer aufgelisteten Felder werden selektiert.

! Selektionsliste

Alle Felder der ON-Bedingung der Assoziation müssen auch in der Selektionsliste erscheinen.

In Listing 2.34 wird ein CDS-View angelegt, der Daten aus der Datenbanktabelle SBOOK und dem Flugplan-CDS-View ausgibt.

```
@AbapCatalog.sqlViewName: 'ZSQL_DDL_BOOKING'
@AbapCatalog.compiler.CompareFilter: true
@AccessControl.authorizationCheck: #CHECK
@EndUserText.label: 'Buchung'
define view Zddl_Booking as select from sbook
association [1..1] to Zddl_Flightplan as Flightplan
    on  $projection.carrid = Flightplan.carrid
    and $projection.connid = Flightplan.connid
    and $projection.fldate = Flightplan.fldate {
  carrid,
  connid,
  fldate,
  bookid,
  customid,
  custtype,
  luggweight,
  wunit,
  class,
  loccuram,
  loccurkey,
  Flightplan // Make association public
}
```

Listing 2.34: Anlage von Buchungen als CDS-View mit Assoziationen und Bezug zum Flugplan-CDS-View

Hier wird der Begriff *$Projection* benutzt. Wie der vorherige Hinweis besagt, muss jedes Feld der ON-Bedingung auch in der Selektionsliste erscheinen. Mit `$Projection` rufen Sie in der ON-Bedingung eine Referenz zum entsprechenden Feld in der Selektionsliste auf, was die Performance verbessert.

In Listing 2.35 werden die Daten aus den zwei bisher angelegten CDS-Views selektiert und in einem dritten CDS-View ergänzt, indem man sich der Hierarchie bedient.

```
@AbapCatalog.sqlViewName: 'ZSQL_DDL_SELBOOK'
@AbapCatalog.compiler.CompareFilter: true
@AccessControl.authorizationCheck: #CHECK
@EndUserText.label: 'ausgewählte Buchungsdaten'
define view Zddl_Sel_Booking as select from Zddl_Booking as
Booking{
   Booking.carrid,
   Booking.connid,
   Booking.Flightplan.Connection.cityfrom,
   Booking.Flightplan.Connection.cityto,
   Booking.fldate,
   Booking.Flightplan.price
}
```

Listing 2.35: Anlage eines CDS-Views der aus dem Buchungs-CDS-View selektierten Buchungen

Präfixe bei der Benennung der Alias sollten Sie vermeiden. Wenn Sie mit Präfixen arbeiten wollen, weil es sonst Konflikte wegen Mehrfachbenennungen von Feldern gibt, sollten Sie sich auf einen Unterstrich als Präfix für die Aliasnamen beschränken. Auch SAP arbeitet so.

Standardmäßig wird immer eine INNER-JOIN-Verbindung verwendet, wenn sich die Assoziation in der FROM-Klausel befindet. Bei allen anderen Verwendungsorten handelt es sich um eine Left-Outer-Join-Verbindung.

Sie ändern beim Aufruf eines CDS-Views den Jointyp in der Verwendung, indem Sie die Zielkardinalität und den Jointyp im Pfadausdruck mitgeben:

```
Booking.Flightplan[1: left outer].Connection.cityto
```

Sie können bei dieser Nennung der Assoziation nur die maximale Zielkardinalität angeben. Die Zielkardinalität kann zwar grundsätzlich auch entfallen, wird aber der Eindeutigkeit zuliebe empfohlen.

Es sind nur Inner-Join- oder Left-Outer-Join-Verbindungen möglich.

Wenn Sie einen CDS-View aufrufen, können Sie die Daten auch filtern. Der nachfolgende Filter bewirkt, dass nur die Fluggesellschaft LH selektiert wird:

```
Booking.Flightplan[1: inner where carrid = 'LH'].Connection.
cityfrom
```

Wenn Sie die Filterung wiederverwendbar anlegen möchten, besteht auch die Möglichkeit, CDS-Views schon beim Design mit Parametern zu konfigurieren.

CDS-Views mit Parametern

CDS-Views mit Parametern werden ab Release 7.4 unterstützt.

In Listing 2.36 sehen Sie einen CDS-View mit Eingangsparametern. Mehrere Parameter werden durch ein Komma getrennt. Zur Parameterdefinition gehören der Name und der Typ. Der Typ muss immer skalar (keine Struktur oder Tabelle) sein und beginnt mit `abap`. Sie können auch Datenelemente als Parametertyp verwenden.

```
@AbapCatalog.sqlViewName: 'ZSQL_DDL_SELBOPA'
@AbapCatalog.compiler.CompareFilter: true
@AccessControl.authorizationCheck: #CHECK
@EndUserText.label: 'ausgewählte Buchungsdaten'
define view Zddl_Sel_Booking_With_Param
with parameters p_carrid : abap.char(3),
                p_connid : abap.char(4)
as select from Zddl_Booking as Booking{
```

```
    Booking.carrid,
    Booking.connid,
    Booking.Flightplan.Connection.cityfrom,
    Booking.Flightplan.Connection.cityto,
    Booking.fldate,
    Booking.Flightplan.price
  }
  where Booking.carrid = $parameters.p_carrid
    and Booking.connid = $parameters.p_connid
```

Listing 2.36: CDS-View mit Eingangsparametern

Sie sollten die Namen der Parameter stets mit P_ beginnen lassen, um sie klar als solche zu erkennen und gegenüber den anderen Elementen abzugrenzen.

Sie können die Parameter in jeder normalen SELECT-Anweisung verwenden, allerdings in der strengeren SQL-Version, die seit Release 7.4 gilt. Das bedeutet, dass Sie Fluchtsymbole (Escape-Zeichen, in Listing 2.37 das Zeichen »@«) in Ihrer Selektion nutzen müssen. Außerdem werden die Parameter innerhalb einer Klammer aufgerufen (siehe Listing 2.37, Parameter `P_CARRID` und `P_CONNID`).

```
SELECT *
       FROM Zddl_Sel_Booking_With_Param(
            p_carrid = 'LH',
            p_connid = '0400' )
       INTO TABLE @DATA(lt_booking).
```

Listing 2.37: Selektionsaufruf für einen CDS-View

In ABAP 7.4 wird eine Syntaxwarnung ausgegeben, dass CDS-Views nicht von jeder Datenbankversion unterstützt werden. Wenn Sie diese Warnung unterbinden möchten, verwenden Sie den in Listing 2.38 gezeigten Aufruf mit dem Pragma `##DB_FEATURE_MODE[VIEWS_WITH_PARAMETERS]`.

```
SELECT *
       FROM Zddl_Sel_Booking_With_Param(
            p_carrid = 'LH',
            p_connid = '0400' )
       INTO TABLE @DATA(lt_booking)
       ##DB_FEATURE_MODE[VIEWS_WITH_PARAMETERS].
```

Listing 2.38: Selektionsaufruf für CDS-View mit Meldungsunterdrückung

Code Pushdown

Wir haben Sie schon einige Male darauf hingewiesen, dass es wesentlich sinnvoller ist, möglichst viele Berechnungen während der Selektion auf die Datenbank zu verlagern, als sie nach der Selektion innerhalb eines Programms durchzuführen. Das System ist dann wesentlich performanter.

In den folgenden Tabellen stellen wir Ihnen die Funktionen und Anweisungen vor, die Sie für Berechnungen in Ihrer SELECT-Anweisung in ABAP CDS aufrufen können. Tabelle 2.6 erläutert die Verwendung der SELECT-Klauseln.

SELECT-Klausel	Verwendung
AS	Gibt einen Alias für eine Datenbanktabelle an
GROUP BY	In Verbindung mit Aggregationen (AVG, COUNT, MAX, MIN, SUM); gibt an, welche Zeilen mit gleichen Werten entsprechend aggregiert werden sollen; diese Zeilen gleicher Werte bilden eine Zeile in der Ergebnismenge
HAVING	Gibt Filterungen für die Ergebnismenge an, ist vergleichbar mit einer WHERE-Bedingung, wird aber **nach** dieser durchgeführt; in der HAVING-Klausel können im Gegensatz zur WHERE-Klausel auch Aggregatsfunktionen angegeben werden

SELECT-Klausel	Verwendung
UNION	In Verbindung zweier SELECT-Anweisungen; bildet die Vereinigung der Ergebnisse dieser zwei SELECT-Anweisungen, dabei werden doppelt vorkommende Zeilen eliminiert
UNION ALL	Wie UNION, gibt aber doppelt vorkommende Zeilen aus; ist performanter als UNION und sollte deshalb bevorzugt werden, wenn man sicher weiß, dass es keine Duplikate gibt
WHERE	Gibt Filterbedingungen für die Ergebnismenge an

Tabelle 2.6: Klauseln für SELECT-Anweisungen in ABAP CDS

Die in Tabelle 2.7 aufgeführten Aggregatfunktionen bilden ihren Wert aus einer Gruppe, die in der GROUP-BY-Klausel definiert ist.

Aggregatfunktionen	Verwendung
AVG(field) oder AVG(DISTINCT field)	Gibt den Durchschnittswert für ein Feld in einer Gruppe an
COUNT(*)	Gibt die Anzahl der Zeilen einer Gruppe an
COUNT(DISTINCT field)	Gibt die Anzahl der Zeilen in einer Gruppe an, wobei doppelt vorkommende Zeilen nicht berechnet werden
MIN(field)	Gibt den minimalen Wert eines Feldes in einer Gruppe an
MAX(field)	Gibt den maximalen Wert eines Feldes in einer Gruppe an
SUM(field) oder SUM(DISTINCT field)	Gibt die Summe aller Werte eines Feldes in einer Gruppe aus; bei DISTINCT werden doppelt vorkommende Zeilen nicht berechnet

Tabelle 2.7: Aggregatfunktionen für SELECT-Anweisungen in ABAP CDS

Für diverse Berechnungen können die in Tabelle 2.8 gezeigten numerischen Funktionen eingesetzt werden.

numerische Funktionen	Verwendung
ABS(expr)	Gibt den Absolutbetrag des numerischen Ausdrucks `expr` an
CEIL(expr)	Gibt die kleinste ganze Zahl an, die größer oder gleich dem numerischen Ausdruck `expr` ist
DIV(expr1, expr2)	gibt die Integer-basierte Division des numerischen Ausdrucks `expr1` durch `expr2` an
DIVISION(expr1, expr2, dec)	Gibt die dezimalbasierte Division des numerischen Ausdrucks `expr1` durch `expr2` an; das Ergebnis wird mit `dec` Nachkommastellen ausgegeben
FLOOR(expr)	Gibt die größte ganze Zahl an, die kleiner oder gleich dem numerischen Ausdruck `expr` ist
MOD(expr1, expr2)	Teilt den numerischen Ausdruck `expr1` durch `expr2` und gibt den Rest an
ROUND(expr, pos)	Gibt den gerundeten Wert des numerischen Ausdrucks `expr` an; `pos` verweist auf die Position der Rundung relativ zum Dezimaltrennzeichen

Tabelle 2.8: Numerische Funktionen für SELECT-Anweisungen in ABAP CDS

In Tabelle 2.9 sind String-Funktionen aufgelistet. Mit der CONCAT-Funktion lässt sich die berühmte Umwandlung des SAP-internen Datumformats in ein besser lesbares Format erreichen.

String-Funktionen	Verwendung
CONCAT(expr1, expr2)	Verknüpft die Zeichenketten aus den String-Ausdrücken `expr1` und `expr2`
LPAD(expr, len, literal)	Füllt die rechtsbündige Zeichenkette aus dem String-Ausdruck `expr` mit den Zeichen aus `literal` bis zur Länge `len` von links auf
REPLACE(expr1, expr2, expr3)	Ersetzt alle Vorkommnisse der Zeichenkette `expr2` in der Zeichenkette `expr1` durch den Inhalt von `expr3`
SUBSTRING(expr, pos, len)	Gibt einen Teil der Zeichenkette aus dem String-Ausdruck `expr` an; `pos` gibt die Position des Beginns des Teilstücks in der Zeichenkette an, `len` bestimmt die Länge des Teilstücks

Tabelle 2.9: String-Funktionen für SELECT-Anweisungen in ABAP CDS

In Listing 2.39 sehen Sie ein kleines Beispiel dafür, wie sich ein Datum vom internen Format YYYYMMDD in das externe Format DD.MM.YYYY umwandeln lässt.

```
@AbapCatalog.sqlViewName: 'ZSQL_DDL_FLPLAN'
@AbapCatalog.compiler.CompareFilter: true@AccessControl.
authorizationCheck: #CHECK
@EndUserText.label: 'Flugplan'
define view Zddl_Flightplan as select from sflight
association [1..1] to spfli as Connection
    on  sflight.carrid = Connection.carrid
    and sflight.connid = Connection.connid {
  carrid,
  connid,
  fldate,
  Cast(
    Concat(
      Concat(
        Concat(substring(fldate, 5, 2), '.'),
        Concat(substring(fldate, 7, 2), '.')
```

```
      )
      Substring(fldate, 1, 4)
    ) As char10 preserving type ) as ZCONVERTED_DATE,
    price,
    currency,
    planetype,
    seatsmax,
    seatsocc,
    Connection // Make association public
}
```

Listing 2.39: CDS-View mit Umwandlung des Datum-Formats

Weitere nicht konkret zuordenbare Funktionen finden Sie in Tabelle 2.10.

weitere Funktionen	Verwendung
CAST(expr AS type)	Konvertierung des Ergebnistyps des Ausdrucks `expr` in den angegebenen Dictionarytyp `type`; die Dictionarytypen werden mit dem Präfix `abap` angegeben, z. B. `abap.int4` oder `abap.char(4)`
COALESCE(expr1, expr2)	Gibt den Wert des Ausdrucks `expr1` zurück, sofern dieser ungleich NULL ist; ansonsten wird der Wert des Ausdrucks `expr2` ausgegeben
CURRENCY_CONVERSION (...)	Führt eine Währungskonvertierung durch
DECIMAL_SHIFT(...)	Setzt das Dezimaltrennzeichen eines Wertes gemäß der angegebenen Währung
UNIT_CONVERSION(...)	Führt eine Einheitenkonvertierung durch

Tabelle 2.10: Weitere Funktionen für SELECT-Anweisungen in ABAP CDS

Außerdem können verschiedene Operatoren (siehe Tabelle 2.11) in den SELECT-Anweisungen verwendet werden.

Operatorenart	Operatoren	Verwendung
arithmetische Operatoren	+, -, *, /	für Berechnungen
Boolesche Operatoren	AND, OR, NOT	AND und OR verknüpfen logische Ausdrücke; NOT kehrt das Ergebnis ins Gegenteil um.
Vergleichsoperatoren	=, <>, <, >, <=, >=, BETWEEN, LIKE, IS NULL, IS NOT NULL	Vergleicht zwei Ausdrücke miteinander. IS NULL und IS NOT NULL können nur in WHERE-Klauseln verwendet werden.

Tabelle 2.11: Operatoren für SELECT-Anweisungen in ABAP CDS

Die hier vorgestellten Operatoren und Funktionen sind nicht nur in ABAP-CDS-Objekten, sondern auch in den SQL-Ausdrücken der normalen ABAP-Programme verwendbar.

In Listing 2.40 und Listing 2.41 können Sie sich ein Bild vom Einsatz dieser Operatoren und Funktionen machen. In Listing 2.40 finden umfassende Berechnungen in der SELECT-Anweisung für die Sitzplatzbelegungen statt.

```
@AbapCatalog.sqlViewName: 'ZSQL_DDL_BOCL'
@AbapCatalog.compiler.CompareFilter: true
@AccessControl.authorizationCheck: #CHECK
@EndUserText.label: 'Buchungsklasse'
define view Zddl_Booking_Class
with parameters p_Booking_Class : abap.char( 1 )
as select from sbook as booking
inner join sflight as flight
    on booking.carrid = flight.carrid
    and booking.connid = flight.connid
```

```
    and booking.fldate = flight.fldate
{
    key booking.carrid,
    key booking.connid,
    key booking.fldate,
    case $parameters.p_Booking_Class
        when 'Y' //Economy Class
            then flight.seatsocc
        when 'C' //Business Class
            then flight.seatsocc_b
        else //First Class
            flight.seatsocc_f
    end as count_Occupied_Seats,
    count( * ) as count_Bookings
}
where booking.cancelled <> 'X'
  and booking.class = $parameters.p_Booking_Class
group by
    booking.carrid,
    booking.connid,
    booking.fldate,
    booking.class,
    flight.seatsocc,
    flight.seatsocc_b,
    flight.seatsocc_f
having
    //Occupied seats < number of bookings
    ( booking.class = 'Y'
      and flight.seatsocc < count( * ) )
    or ( booking.class = 'C'
       and flight.seatsocc_b < count( * ) )
    or ( booking.class = 'F'
       and flight.seatsocc_f < count( * ) )
```

Listing 2.40: ABAP-CDS-View mit in die SELECT-Anweisung eingebauten Funktionen

Der CDS-View hat einen Eingangsparameter P_BOOKING_CLASS. Mit KEY werden Schlüsselfelder definiert, was Sie bei jedem CDS-View machen sollten. Die Schlüsselfelddefinition hat für den View zwar nur deklaratorischen Charakter, kann aber dann von anderen Programmen wie z. B. ALV erkannt werden. In der CASE-Syntax werden Felder abhängig von der eingegebenen Buchungsklasse selektiert. Zum Schluss werden die selektierten Datensätze mit dem HAVING-Befehl weiter gefiltert. Aus der Ergebnismenge werden alle Datensätze gelöscht, bei denen die Sitzplatzbelegung der jeweiligen Buchungsklasse kleiner ist als die Anzahl der selektierten Datensätze bzw. die Anzahl der Buchungen.

In Listing 2.41 werden drei Selektionen des CDS-Views aus Listing 2.40 durchgeführt und mit UNION ALL vereinigt. Wir verwenden UNION ALL, weil wir keine Duplikate erwarten, da jede Selektion die Daten aus einer anderen Buchungsklasse ermittelt.

```
@AbapCatalog.sqlViewName: 'ZSQL_DDL_BOCH'
@AbapCatalog.compiler.CompareFilter: true
@AccessControl.authorizationCheck: #CHECK
@EndUserText.label: 'Buchungsprüfung'
define view Zddl_Booking_Check as
select from
    Zddl_Booking_Class( p_Booking_Class: 'Y' )
{
    key carrid,
    key connid,
    key fldate,
    cast('ECONOMY' as abap.char( 8 )) as class,
    count_Bookings,
    count_Occupied_Seats,
    abs(count_Bookings - count_Occupied_Seats)
        as difference
}
union all
    select from Zddl_Booking_Class( p_Booking_Class: 'C' )
{
    carrid,
    connid,
    fldate,
```

```
    'BUSINESS' as class,
    count_Bookings,
    count_Occupied_Seats,
    abs(count_Bookings - count_Occupied_Seats)
        as difference
}
union all
    select from Zddl_Booking_Class( p_Booking_Class: 'F' )
{
    carrid,
    connid,
    fldate,
    'FIRST' as class,
    count_Bookings,
    count_Occupied_Seats,
    abs(count_Bookings - count_Occupied_Seats)
        as difference
}
```

Listing 2.41: CDS-View mit UNION ALL und anderen Funktionen

In jeder Selektion geben wir zwei zusätzliche Felder CLASS und DIFFERENCE für die Ausgabeliste an. Das Feld CLASS füllen wir mit einem Wert (ECONOMY, BUSINESS oder FIRST) für die Buchungsklasse. Das System ermittelt die Ausgabefelder ausschließlich aus der SELECT-Liste der ersten Selektion. Nur dort führen wir für das CLASS-Feld ein Casting mit dem CAST-Befehl durch, damit das System den richtigen Ausgabetyp bekommt (hier abap.char mit der Länge von acht Zeichen). Das Feld DIFFERENCE wird aus der Differenz zwischen der Anzahl der Buchungen (COUNT_BOOKINGS) und der belegten Sitze (COUNT_OCCUPIED_SEATS) errechnet. Wichtig für die Vereinigung ist, dass jede Selektion die gleiche Anzahl an zu selektierenden, typgleichen Feldern besitzt.

In CDS-Views können Session-Variablen verwendet werden (siehe Tabelle 2.12), die mit den jeweiligen Werten der aktuellen Session gefüllt sind. Session-Variablen können Sie nur dann nutzen, wenn der CDS-View in Open SQL eingesetzt wird.

Session-Variable	Bedeutung
$session.user	Aktueller Benutzername (Systemfeld sy-uname)
$session.client	Aktueller Mandant (Systemfeld sy-mandt)
$session.system_language	Sprache der Anmeldung / Textumgebung (Systemfeld sy-langu)
$session.system_date	Aktuelles System-Datum (Systemfeld sy-datum)

Tabelle 2.12: Session-Variablen in ABAP CDS

In Listing 2.42 ist ein Beispiel dargestellt, wie eine Session-Variable genutzt werden kann, um beispielsweise die Sprache der selektierten Datensätze einzuschränken.

```
@AbapCatalog.sqlViewName: 'DEMO_CDS_T100'
@AccessControl.authorizationCheck: #NOT_REQUIRED
define view demo_cds_select_t100
  as select from
    demo_cds_select_t100_langu(
      p_langu: $session.system_language )
    {
      *
    }
```

Listing 2.42: CDS-View mit der Session-Variable system_language

Neue Funktionen in ABAP-Release 7.5

Ab ABAP-Release 7.5 stehen Ihnen folgende neue Funktionen zur Verfügung:

- String-Funktionen:
  `CONCAT_WITH_SPACE`, `INSTR`, `LEFT`, `LENGTH`, `LPAD`, `LTRIM`, `RIGHT`, `RPAD`, `RTRIM`
- Byte-Ketten-Funktionen: `BINTOHEX`, `HEXTOBIN`

- **Datums- und Zeitfunktionen:**
  `DATS_DAYS_BETWEEN, DATS_ADD_DAYS, DATS_ADD_MONTHS, DATS_IS_VALID, DATS_TIMS_TO_TSTMP, TIMS_IS_VALID`
- **Zeitstempelfunktionen:**
  `TSTMP_IS_VALID, TSTMP_CURRENT_UTCTIMESTAMP, TSTMP_SECONDS_BETWEEN, TSTMP_ADD_SECONDS`

Erweiterungen vorhandener ABAP-CDS-Views

Bei bereits vorhandenen ABAP-CDS-Views können Ergänzungen über ein Erweiterungsmanagement vorgenommen werden. Dabei werden zusätzliche Felder als *Append View* an die SQL-Views angehängt, ähnlich einer Append-Struktur für Tabellen und Strukturen. Bei diesen weiteren Feldern kann es sich um normale Struktur- oder berechnete Felder handeln.

Die Erweiterungen werden in einer eigenen DDL Source angelegt. Wenn Sie bei der Anlage auf das Vorlage-Pop-up (Abbildung 2.38) kommen, wählen Sie hier den EXTEND VIEW aus.

In Listing 2.43 wird über die Anweisung EXTEND VIEW an einen vorhandenen CDS-View ZDDL_BOOKING (Listing 2.34) eine Erweiterung ZDDL_ENHANCEMENT gehängt. In die Annotation `@AbapCatalog.sqlViewAppendName` wird der Name des Append Views eingetragen, in diesem Fall ZSQL_ENHANCE.

```
@AbapCatalog.sqlViewAppendName: 'ZSQL_ENHANCE'
@EndUserText.label: 'Erweiterung'
extend view ZDDL_BOOKING with Zddl_Enhancement {
    sbook.order_date,
    CEIL( sbook.luggweight ) as zzluggweight
}
```

Listing 2.43: Erweiterung eines vorhandenen ABAP-CDS-Views

Die Erweiterung besteht aus zwei Feldern, wobei das zweite ein berechnetes Feld ist. Weil das Feld LUGGWEIGHT im CDS-View bereits existiert, gibt es einen neuen Namen ZZLUGGWEIGHT.

In Abbildung 2.40 sehen wir den erweiterten SQL-View des CDS-Views.

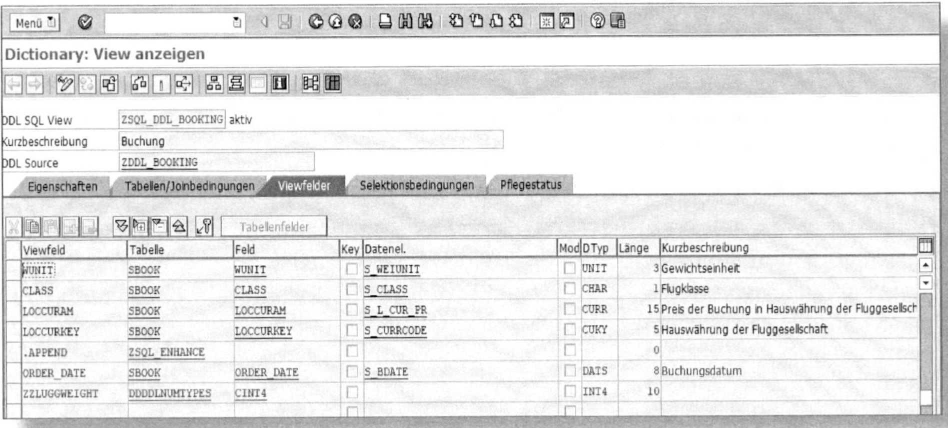

Viewfeld	Tabelle	Feld	Key	Datenel.	Mod	DTyp	Länge	Kurzbeschreibung
WUNIT	SBOOK	WUNIT		S_WEIUNIT		UNIT	3	Gewichtseinheit
CLASS	SBOOK	CLASS		S_CLASS		CHAR	1	Flugklasse
LOCCURAM	SBOOK	LOCCURAM		S_L_CUR_PR		CURR	15	Preis der Buchung in Hauswährung der Fluggesellsch
LOCCURKEY	SBOOK	LOCCURKEY		S_CURRCODE		CUKY	5	Hauswährung der Fluggesellschaft
.APPEND	ZSQL_ENHANCE						0	
ORDER_DATE	SBOOK	ORDER_DATE		S_BDATE		DATS	8	Buchungsdatum
ZZLUGGWEIGHT	DDDDLNUMTYPES	CINT4				INT4	10	

Abbildung 2.40: Erweiterter SQL-View des CDS-Views

Eine Erweiterung ist immer genau einem CDS-View zugeordnet, aber ein CDS-View kann mehrere Erweiterungen besitzen.

Parameter, Assoziationen, Join-Verbindungen und Aggregatsfunktionen sind in einer Erweiterung nicht möglich. Auch CDS-Views mit einer GROUP BY- oder UNION-Klausel sind nicht erweiterbar.

Erweiterte CDS-Views werden im Editor mit einer Markierung gekennzeichnet (siehe Abbildung 2.41).

```
@AbapCatalog.sqlViewName: 'ZSQL_DDL_BOOKING'
@AbapCatalog.compiler.compareFilter: true
@AccessControl.authorizationCheck: #CHECK
@EndUserText.label: 'Buchung'
define view Zddl_Booking as select from sbook
association [1..1] to Zddl_Flightplan as Flightplan
    on $projection.carrid = Flightplan.carrid
    and $projection.connid = Flightplan.connid
    and $projection.fldate = Flightplan.fldate {
  carrid,
  connid,
  fldate,
```

Abbildung 2.41: Kennzeichnung erweiterter CDS-Views

Wenn Sie mit der Maus über die Markierung fahren, werden Ihnen die vorhandenen Erweiterungen als Link in einem Pop-up angezeigt. Mit Klick auf diesen Link gelangen Sie in die Erweiterung.

Sie können sich die Eigenschaften des CDS-Views (Felder und deren Eigenschaften sowie Erweiterungen) auch über die ELEMENT INFO ansehen. Positionieren Sie die Maus im Editor auf dem Namen des CDS-Views in der DDL Source und drücken Sie die [F2]-Taste.

Annotationen für CDS-Views

Als *Annotationen* bezeichnen wir die Eingabemöglichkeiten für die technische Umsetzung der CDS-Views (z. B. Pufferung, Texte, Referenzfelder für Beträge und Mengeneinheiten). Es sind die Einstellungen, die Sie auch für gewöhnliche Views eingeben. Sie haben z. B. schon die Annotationen `AbapCatalog.sqlViewName`, `AbapCatalog.compiler.CompareFilter`, `AccessControl.authorizationCheck` und `EndUserText.label` kennengelernt.

In einer DDL Source wird den Annotationen immer das @-Zeichen vorangestellt.

Jede Art von Annotation hat einen Sichtbarkeitsbereich (*Scope*). Es gibt einen *Scope View* (für einen View), einen *Scope Extend View* (für eine Erweiterung) und ein *Scope-Element* (für ein Element (Feld) des Views). Annotationen des Scope Views müssen immer vor der Anweisung `Define View` und Annotationen des Scope Extend Views stets vor der Anweisung `Extend View` stehen. Annotationen des Scope-Elements sollten immer direkt vor dem Element stehen. Man kann diese zwar auch dahinterstellen (mit dem Präfix @<), das entspricht aber nicht den SAP-Richtlinien.

Tabelle 2.13 bis Tabelle 2.15 zeigen einen Ausschnitt der zur Verfügung stehenden Annotationen. Es existieren Annotationen für eine Zugriffskontrolle, Datenanalyse, Details zur Datenanalyse (multidimensionale Layouts, spezifische Aggregationen etc.), für ein spezielles Verhalten bzgl. CDS-Inhalten, Standard-Aggregationen, Hierarchien, zur Objekt-Modellierung, für OData-Services, Such-Funktionalität, Semantik sowie User Interfaces (UI-Annotationen für bspw. SAP Fiori).

View-Annotationen	gültige Werte	Default-Wert bei Verwendung	Wirkung
`AbapCatalog.sqlViewName`	String-Literal mit maximal 16 Zeichen		Obligatorisch, Angabe des SQL-View-Namens
`AbapCatalog.compiler.compareFilter`	`true, false`	`true`	Vergleich von Annotationsfiltern und Optimierung von SQL-Joins
`AbapCatalog.buffering.status`	`#ACTIVE, #SWITCHED_OFF, #NOT_ALLOWED`	`#SWITCHED_OFF`	Bestimmt, ob der View gepuffert ist oder sein darf
`AbapCatalog.buffering.type`	`#SINGLE, #GENERIC, #FULL, #NONE`	`#NONE`	Bestimmt die Pufferungsart

View-Annotationen	gültige Werte	Default-Wert bei Verwendung	Wirkung
AbapCatalog.buffering.numberOfKeyFields	Integer-Wert zwischen 0 und der Anzahl der Schlüsselfelder minus 1	0	Definiert die Anzahl der Schlüsselfelder bei generischer Pufferung
AbapCatalog.viewEnhancementCategory[ ]	#NONE, #PROJECTION_LIST, #GROUP_BY, #UNION	#PROJECTION_LIST	Legt fest, wie ein CDS View erweitert werden kann
ClientDependent	true, false	true	Obsolet (hat einen View als mandantenabhängig definiert); wurde ersetzt durch die Annotationen @ClientHandling.type sowie @ClientHandling.algorithm
ClientHandling.type	#CLIENT_DEPENDENT, #CLIENT_INDEPENDENT, #INHERITED	#INHERITED	Angabe bzgl. der Mandantenabhängigkeit des Views
ClientHandling.algorithm	#NONE, #AUTOMATED, #SESSION_VARIABLE	#AUTOMATED	Definiert das Mandanten-Handling
EndUserText.Label	String-Literal mit maximal 60 Zeichen		Angabe eines übersetzbaren Kurztextes für den CDS-View
AccessControl.authorizationCheck	#CHECK, #NOT_REQUIRED, #NOT_ALLOWED	#CHECK	Definiert die implizite Zugriffskontrolle, wenn ABAP SQL genutzt wird
DataAging.noAgingRestriction	true, false	true	Behandlung von obsoleten Daten

View-Annotationen	gültige Werte	Default-Wert bei Verwendung	Wirkung
`Metadata.allow Extensions`	`true`, `false`	`true`	Definiert, ob Annotationen der Metadata-Erweiterungen erweitert werden können
`Metadata.ignore Propagated Annotations`	`true`, `false`	`true`	Definiert, ob die Analyse der Annotationen über die Annotations-API möglich ist

Tabelle 2.13: View-Annotationen

Annotation für View-Erweiterungen	gültige Werte	Default-Wert bei Verwendung	Wirkung
`AbapCatalog. sqlViewAppend-Name`	String-Literal mit maximal 16 Zeichen		Obligatorisch, Angabe des Append-View-Namens

Tabelle 2.14: Annotationen für View-Erweiterungen

Element-Annotationen	gültige Werte	Default-Wert bei Verwendung	Wirkung
`EndUserText. Label`	String-Literal mit maximal 60 Zeichen		Gibt einen übersetzbaren Kurztext für das Element an
`EndUserText. quickInfo`	String-Literal mit maximal 100 Zeichen		Gibt einen übersetzbaren Tooltip für das Element an
`Semantics. currencyCode`	`true, false`	`true`	Kennzeichnet das Feld als Währungsschlüssel

Element-Annotationen	gültige Werte	Default-Wert bei Verwendung	Wirkung
`Semantics.amount.currencyCode`	Feldname eines Währungsschlüssels		Kennzeichnet das Feld als Währungsfeld und ordnet ihm einen Währungsschlüssel zu
`Semantics.unitOfMeasure`	`true, false`	`true`	Kennzeichnet das Feld als Mengeneinheitsschlüssel
`Semantics.quantity.unitOfMeasure`	Feldname eines Einheitenschlüssels		Kennzeichnet das Feld als Mengenfeld und ordnet ihm einen Mengeneinheitsschlüssel zu

Tabelle 2.15: Element-Annotationen

Es gibt unzählige sematische Annotationen, die den Client darüber informieren, welche Art von Information in dem jeweiligen Feld gespeichert ist. Dabei kann von A wie Adress-Felder, über N wie Name bis zum U wie User sämtliche Semantik definiert werden.

In Listing 2.44 sehen Sie einen CDS-View mit diversen Annotationen. Entsprechend sollten Sie Ihre CDS-Views ausfüllen.

```
@AbapCatalog.sqlViewName: 'ZSQL_ANNOTAT'
@AbapCatalog.compiler.CompareFilter: true
@AccessControl.authorizationCheck: #CHECK
@AbapCatalog.Buffering.status: #ACTIVE
@AbapCatalog.Buffering.type: #FULL
@EndUserText.label: 'Annotationen'
define view Zddl_Annotations as select from spfli {
    @EndUserText.label: 'Airline'
    key carrid,
```

```
    @EndUserText.label: 'Connection'
    key connid,

    @EndUserText.label: 'Country from'
    @Semantics.address.country
    countryfr,

    @EndUserText.label: 'City from'
    @Semantics.address.city
    cityfrom,

    @EndUserText.label: 'Country to'
    @Semantics.address.country
    countryfr,

    @EndUserText.label: 'City to'
    @Semantics.address.city
    cityto,

    @EndUserText.label: 'Flight Duration'
    @Semantics.calendarItem.duration
    fltime,

    @EndUserText.label: 'Distance'
    @Semantics.quantity.unitOfMeasure: 'distid'
    distance,

    @EndUserText.label: 'Measure of distance'
    @Semantics.unitOfMeasure: 'true'
    distid
}
```

Listing 2.44: CDS-View mit Annotationen

Sonstiges zu ABAP-CDS-Views

Sie können einen ABAP-CDS-View über seinen CDS-View-Namen in ABAP-SQL-Anweisungen, ABAP-Frameworks und als Datenquelle für andere CDS-Views verwenden.

Er lässt sich zwar als eigenständiger Datentyp in ABAP-Programmen nutzen, es ist aber nicht möglich, auf Basis seiner Struktur einen Tabellentyp anzulegen.

Sie können sich seine Daten im *SAP List Viewer with Integrated Data Access* (ALV with IDA) anzeigen lassen. Dieser ALV ist besonders performant ausgerichtet, weil alle ALV-Funktionen wie Sortieren, Filtern u. a. direkt auf der Datenbank ausführbar sind.

Der ALV with IDA kann neben SAP HANA auch auf klassischen Datenbanken verwendet werden. Mit der statischen Methode DB_CAPABILITIES der Klasse CL_SALV_GUI_TABLE können Sie prüfen, welche Funktion sich mit Ihrer Datenbank nutzen lässt.

In Listing 2.45 wird der CDS-View ZDDL_ANNOTATIONS im ALV with IDA angezeigt.

```
DATA(go_alv_display) = cl_salv_gui_table_ida=>
     create_for_cds_view( CONV #( 'ZDDL_ANNOTATIONS' ) ).
go_alv_display->fullscreen( )->display( ).

Alternative verkürzte Schreibweise:
cl_salv_gui_table_ida=>create( iv_table_name = 'ZDDL_
ANNOTATIONS' )->fullscreen( )->display( ).
```

Listing 2.45: Anzeige eines ABAP CDS-Views im ALV with IDA

Sie können im ALV with IDA auch einen CDS-View mit Parametern anzeigen lassen. Setzen Sie dazu die Parameter mit der Interface-Methode `IF_SALV_GUI_TABLE_IDA~SET_VIEW_PARAMETERS`.

Weitere Informationen zu ALV with IDA

Ausführliche Informationen über die Arbeit mit dem SAP List Viewer with Integrated Data Access finden Sie im SAP Help Portal *http:/help.sap.com* unter dem Stichwort »ALV with IDA«. Für eine zielsichere Suche wird empfohlen, das Produkt auf »SAP NetWeaver 7.5« oder »SAP S/4HANA« einzuschränken.

In Tabelle 2.16 sehen Sie einen Vergleich des herkömlichen ALV mit ALV with IDA.

Bereich	ALV	ALV with IDA
Datenbeschaffung	Programm lädt Daten in eine interne Tabelle, ALV zeigt Daten aus interner Tabelle an	Führt ALV durch; es muss der Tabellenname übergeben werden
Datenanzeige	Alle Daten der internen Tabelle	Nur sichbarer Bereich
Scrollen	Operationen auf dem ABAP-Server; neuer Bereich aus der internen Tabelle wird sichtbar	Ausführung einer neuen Selektion auf der Datenbank (Paging)
ALV-Funktionen (Sortierung, Filterung etc.)	Auf der internen Tabelle	Neuer Datenbank-Aufruf
Speicherverbrauch	Abhängig von der Größe der internen Tabelle	Nur sichtbarer Bereich, abhängig von der Anzahl der Zeilen und Spalten
Performance	Übertragung aller Daten aus der gesamten internen Tabelle beim ersten Aufruf	Übertragung der Daten im sichtbaren Bereich des ALV

Tabelle 2.16: Vergleich ALV und ALV with IDA

2.9.3 HANA CDS

So wie für ABAP-Programme ABAP-CDS-Objekte entwickelt wurden, hat SAP auch für die HANA-Datenbank HANA-CDS-Objekte geschaffen, die direkt im SAP HANA Studio modelliert werden.

Sie haben im vorigen Abschnitt sicherlich schon festgestellt, dass ABAP CDS eine sehr breite Palette an Möglichkeiten bietet, mit Datenbanktabellen umzugehen. Deshalb spielen die HANA-CDS-Objekte nur noch eine untergeordnete Rolle. Der Vollständigkeit halber wollen wir aber kurz auf diese eingehen.

ABAP CDS ist dafür gedacht, Views auf Datenbanktabellen anzulegen. Mit HANA CDS können folgende Objekte erzeugt werden:

- Datenbanktabellen,
- SQL-Views,
- Assoziationen,
- skalare (einfache) und strukturierte Datentypen.

HANA-CDS-Objekte werden mithilfe einer Datei angelegt. Eine Datei kann mehrere CDS-Objekte generieren.

Im Folgenden legen wir zwei Strukturen, zwei Datenbanktabellen und einen View an:

1. Öffnen Sie das SAP HANA STUDIO und gehen Sie auf die Perspektive SAP HANA DEVELOPMENT.
2. Gehen Sie im Project Explorer auf das Register REPOSITORIES.
3. Setzen Sie den Cursor auf den Ordner, in welchem Sie die Datei speichern möchten.
4. Drücken Sie die rechte Maustaste und wählen Sie im Kontextmenü NEW • OTHER.
5. Im sich öffnenden Pop-up wählen Sie über SAP HANA • DATABASE DEVELOPMENT den Eintrag *DDL Source File*.
6. Drücken Sie den Button NEXT.
7. Geben Sie im nächsten Pop-up den Dateinamen im Feld FILE NAME an, z. B. *CustomerSelection*.
8. Drücken Sie den Button FINISH.

Sie befinden sich jetzt im Editor der HANA-CDS-Datei.

9. Geben Sie den Code aus Listing 2.46 ein.

```
namespace Test;

@Schema: 'RDEPPE'
context CustomerSelection {

  type StreetAddress {
    name   : String(80);
    number : Integer;
  };

  type CountryAddress {
    name : String(80);
    code : String(3);
  };

  @Catalog.tableType : #COLUMN
  entity Address {
    key id  : Integer;
    street  : StreetAddress;
    zipCode : Integer;
    city    : String(80);
    country : CountryAddress;
    type    : String(10); // home, office
  };

  @Catalog.tableType : #COLUMN
  define entity Partner {
    key id      : Integer;
    addressId   : Integer;
    role        : String(3);
    companyName : String(80);
    _Address    : association[1] to Address
    on addressId = _Address.id;
   };

  define view Customer as select from Partner {
    key id,
```

```
        'CUSTOMER' as role,
        companyName,
        _Address.street,
        _Address.countryCode
        } where role = '03';

    };
```

Listing 2.46: Code einer HANA-CDS-Datei

10. Aktivieren Sie die Datei mit dem Button .

Listing 2.46 wird wie folgt interpretiert: In NAMESPACE steht der Name des Ordners, in dem Sie die Datei angelegt haben. Mit @SCHEMA definieren Sie, in welchem Katalogschema die CDS-Objekte, die im Editor definiert sind, angelegt werden. Als anzulegende CDS-Objekte haben wir die beiden Strukturen STREETADDRESS und COUNTRYADDRESS definiert. Außerdem werden zwei Datenbanktabellen ADDRESS und PARTNER als Column Store generiert, wobei PARTNER die ADDRESSE assoziiert. Schließlich wird ein View CUSTOMER angelegt, der die Daten aus der Datenbanktabelle PARTNER selektiert, aber nur die Datensätze, bei denen ROLE = 03 ist.

HANA CDS im SAP Help Portal

Weitere Informationen zu HANA CDS erhalten Sie im SAP Help Portal *http://help.sap.com*. Geben Sie dort »HANA CDS« in das Suchfeld ein.

2.9.4 ABAP-Datenbankprozeduren

Das mit dem Release 7.4 SP5 eingeführte *ABAP Managed Database Procedure Framework* (AMDP Framework) ist darauf ausgelegt, die Funktionalitäten der SAP-HANA-Datenbankprozeduren in die Entwicklung der ABAP-Umgebung zu verlagern. ABAP-Datenbankprozeduren dienen dazu, Berechnungen im Rahmen des Code Pushdowns, die mit CDS-Views nicht mehr realisiert werden können, in die Datenbankschicht zu verlagern. Die in Abschnitt 2.5.1 vorgestellten HANA-Datenbankprozeduren benötigen Sie nicht mehr.

Damit sind alle Vorteile, die die ABAP-Umgebung gegenüber der HANA-Umgebung hat, auch für die Entwicklung von Datenbankprozeduren zugänglich. Ein spezieller HANA-Zugang und -Benutzer sowie extra HANA-Berechtigungen sind damit obsolet. Genießen Sie den vollen ABAP-Komfort, den Sie aus den normalen ABAP-Programmen kennen. Es gibt jedoch zwei Zugeständnisse, die Sie im Vergleich zu Ihren gewohnten ABAP-Programmen machen müssen: Zum einen müssen die ABAP-Datenbankprozeduren in SQLScript programmiert werden. Eine Einführung in diese Skriptsprache haben Sie in Abschnitt 2.5 erhalten. Zum anderen können Sie Ihre AMDP-Objekte nicht in der ABAP Workbench bearbeiten, sondern benötigen die ABAP-Perspektive von Eclipse.

Die Implementierung von ABAP-Datenbankprozeduren erfolgt mithilfe von ABAP-Klassen, in denen die Datenbankprozeduren und ihre Parameterschnittstellen als spezielle ABAP-Methoden (*AMDP-Methoden*) modelliert werden. Die Verarbeitungslogik innerhalb einer AMDP-Methode wird in SQLScript entwickelt.

AMDP-Klassen müssen das Interface `IF_AMDP_MARKER_HDB` implementieren. Das Interface selbst hat keine Methoden und ist schreibgeschützt.

Im Folgenden legen wir die HANA-Datenbankprozedur FLIGHTS aus Listing 2.18 (siehe Abschnitt 2.5.1) als ABAP-Datenbankprozedur an.

1. Bestimmen Sie in der ABAP-Perspektive ein Paket, in dem das Objekt angelegt werden soll.
2. Wählen Sie im Kontextmenü NEU • ABAP-KLASSE.
3. Vergeben Sie einen NAMEN, in diesem Fall *ZCL_FLIGHTS_AMDP* und tragen Sie eine BESCHREIBUNG ein. Beachten Sie den Kundennamensraum!
4. Drücken Sie den Button FINISH.
5. Geben Sie das Listing 2.47 ein.

```
CLASS zcl_flights_amdp DEFINITION
  PUBLIC
  FINAL
  CREATE PUBLIC.

  PUBLIC SECTION.
    INTERFACES: if_amdp_marker_hdb.

    TYPES: BEGIN OF type_flights,
             carrid TYPE s_carr_id,
             connid TYPE s_conn_id,
           END OF type_flights.
   TYPES tt_flights TYPE STANDARD TABLE OF type_flights.

    METHODS: get_flights
      IMPORTING
        VALUE(iv_mandt)    TYPE mandt
        VALUE(iv_carrid)   TYPE s_carr_id
      EXPORTING
        VALUE(et_flights) TYPE tt_flights.
ENDCLASS.


CLASS zcl_flights_amdp IMPLEMENTATION.
  METHOD get_flights
         BY DATABASE PROCEDURE
         FOR HDB LANGUAGE SQLSCRIPT
         OPTIONS READ-ONLY USING sbook.
    lt_sbook = SELECT carrid, connid, customid
                      FROM sbook
                      WHERE mandt  = :iv_mandt
                        AND carrid = :iv_carrid;

    et_flights = SELECT carrid, connid
                        FROM :lt_sbook
                        WHERE carrid = 'LH';

  ENDMETHOD.
ENDCLASS.
```

Listing 2.47: AMDP-Klasse

Alle Parameter der AMDP-Methode müssen VALUE-Parameter sein. Es gibt Import-, Export- und Changing-, aber keine Returning-Parameter.

Die Implementierung aller AMDP-Methoden muss mit `BY DATABASE PROCEDURE FOR HDB LANGUAGE SQLSCRIPT` beginnen. Die Option `READ-ONLY` ist optional, sollte aber gewählt werden, wenn die Prozedur nur lesende Datenbankzugriffe ausführt. Dementsprechend muss sie bei schreibenden Datenbankzugriffen entfallen. Hinter `USING` erfolgt die Angabe aller DDIC-Objekte und aller anderen AMDPs, auf die in der Methode zugegriffen wird.

In der Methode können folgende Ausnahmen der Basisklasse CX_AMDP_ERROR auftreten:

- CX_AMDP_CREATION_ERROR: Fehler bei der Anlage der Prozedur
- CX_AMDP_CONNECTION_ERROR: Fehler bei der Datenbankverbindung während der Anlage oder Ausführung der Prozedur
- CX_AMDP_EXECUTION_ERROR: Fehler bei der Ausführung der Prozedur
- CX_AMDP_VERSION_ERROR: Fehler bei der AMDP-Versionsverwaltung

Sie haben zunächst nur das Coding erzeugt. Tatsächlich angelegt wird die Klasse bei der ersten Ausführung der AMDP-Methode im Standardschema des ABAP-Systems. Der Name des Standardschemas ist SAP<SID>. Hier finden Sie die AMDP-Klasse im Ordner PROCEDURES.

Listing 2.48 zeigt Ihnen den Aufruf einer AMDP-Methode aus einem ABAP-Programm.

```
TRY.
    DATA(go_flights) = NEW zcl_flights_amdp( ).
    go_flights->get_flights(
      EXPORTING
        iv_mandt  = sy-mandt
        iv_carrid = 'AA'
      IMPORTING
```

```
      et_flights = DATA(gt_flights)
    ).
  CATCH cx_amdp_error INTO DATA(gx_error).
    WRITE |{ gx_error->get_text( ) }|.
ENDTRY.
```

Listing 2.48: Aufruf einer AMDP-Methode aus einem ABAP-Programm

Eine AMDP-Methode kann auch eine andere AMDP-Methode ausführen, dann muss in die aufrufende AMDP-Methode hinter der USING-Klausel angegeben werden. In Listing 2.49 sehen Sie, wie eine AMDP- aus einer anderen AMDP-Methode aufgerufen wird. Die Parameter werden ohne Nennung der expliziten Ausdrücke EXPORTING, IMPORTING oder CHANGING übergeben.

```
METHOD call_get_carriers
       BY DATABASE PROCEDURE FOR HDB
       LANGUAGE SQLSCRIPT
       USING cl_demo_amdp_changing=>get_carriers.
   CALL "CL_DEMO_AMDP_CHANGING=>GET_CARRIERS"(
        CARRIERS__IN__   => :CARRIERS,
        CARRIERS         => :CARRIERS );
ENDMETHOD.
```

Listing 2.49: Aufruf einer AMDP mit CHANGING-Parametern aus einer anderen AMDP

In Listing 2.49 sehen wir auch, wie CHANGING-Parameter übergeben werden. Sie sind immer aus zwei Bestandteilen zusammengesetzt: dem eigentlichen Namen (in diesem Fall CARRIERS) und dem Namen mit Suffix __IN__ (in diesem Fall CARRIERS__IN__).

! 2 Unterstriche

Achten Sie darauf, dass bei __IN__ jeweils zwei Unterstriche vor und nach dem IN stehen.

Listing 2.50 zeigt uns die Behandlung der CHANGING-Parameter in der AMDP-Methode.

```
METHOD get_carriers BY DATABASE PROCEDURE FOR HDB
                              LANGUAGE SQLSCRIPT
                            USING scarr.
   carriers  = SELECT s.*
                     FROM scarr AS s
                     INNER JOIN :carriers AS c
                     ON s.mandt  = c.mandt AND
                        s.carrid = c.carrid;
ENDMETHOD.
```

Listing 2.50: Verarbeitung von CHANGING-Parametern bei AMDP

Wir sehen in Listing 2.50, dass der Parameter CARRIERS__IN__ nicht verwendet wird. Dieser ist nur systemintern relevant. Direkt beim Aufruf der Methode wird der Inhalt von CARRIERS__IN__ systemintern ausgelesen und an CARRIERS übergeben.

Wird eine AMDP in einem Nicht-HANA-System aufgerufen, kommt es zur Ausnahme CX_AMDP_WRONG_DBSYS.

Wenn Sie eine AMDP debuggen wollen, benötigen Sie ab ABAP 7.4 einen HANA-Datenbankbenutzer mit bestimmten Berechtigungen. Sie müssen sicherstellen, dass die AMDP schon mindestens einmal ausgeführt wurde. Alternativ können Sie auch das Programm `RSDBGEN_AMDP` nutzen, um die AMDP anzulegen. Sie müssen in die Debug-Perspektive wechseln. Wählen Sie dazu im Menü DEBUG • DEBUG CONFIGURATIONS.

In ABAP 7.5 benötigen Sie diese Zugänge nicht mehr und können direkt aus der ABAP-Perspektive heraus debuggen.

AMDPs können mithilfe von BAdIs in Verbindung mit Erweiterungsspots erweitert werden. Dafür wurden ab ABAP 7.4 SP8 spezielle AMDP-BAdIs eingeführt, die Sie über die normale BAdI-Verwaltung anlegen und implementieren können. Die BAdI-Methoden müssen als AMDP-Methoden in einer sogenannten *Fallback-Klasse* angegeben werden.

☛ BAdIs – weiterführende Informationen

Das SAP Help Portal *http://help.sap.com* hält zahlreiche weitere Informationen zu BAdIs unter dem Suchbegriff »AMDP BAdI« und der Einschränkung auf das Produkt »SAP NetWeaver 7.5« bereit.

Implizite Erweiterungen am Anfang und am Ende der AMDP-Methode sind nicht möglich.

In ABAP-Reports werden SELECT-OPTIONS mithilfe einer WHERE-Klausel an SELECT-Anweisungen übergeben. Das System erstellt dann daraus eigenständig eine eigene SELECT-WHERE-Klausel. Wollen Sie SELECT-OPTIONS an eine AMDP-Methode übergeben, müssen Sie diese zunächst selbst in eine endgültige WHERE-Bedingung überführen. Dabei können Sie die Klassenmethode `CL_SHDB_SELTAB=>COMBINE_SELTABS` benutzen. Die Ergebnisse dieser Umformung übergeben Sie dann als IMPORTING-Parameter an die AMDP-Methode, in der Sie schließlich die APPLY_FILTER-Funktion einsetzen, um die Ergebnisse der Selektion mit den Bedingungen zu filtern.

3 Fortgeschrittene Techniken

Nachdem Sie den Umgang mit SAP HANA gelernt haben, stellen wir Ihnen noch ein paar Anwendungsszenarien vor, in denen die HANA-Technik neue Möglichkeiten der Programmierumsetzung anbietet.

3.1 Unstrukturierte Daten und deren Textsuche

Ein Anwender muss heutzutage in vielen verschiedenen Anwendungsgebieten Texte suchen. Das kann entweder im Internet oder auch in Dokumenten sein, die nach bestimmten Textbausteinen durchsucht werden sollen. Des Weiteren sind Datenbanktabellen als Quellen denkbar, in denen nur wenig bekannte Informationen abgelegt sind. SAP HANA ist in der Lage, Texte und Dokumente sowie Datenbanktabellen nach Wortfragmenten zu durchsuchen, wobei unrichtig eingegebene Suchbegriffe korrigiert werden können.

3.1.1 Grundlagen der Textsuche

Die Textsuche lässt sich in mehrere Kategorien unterteilen:

- *Fuzzy-Suche*
  toleriert kleine Fehler des Anwenders bei der Sucheingabe und selektiert auch ähnliche Begriffe
- *Freestyle-Suche*
  Eingabe in ein Suchfeld kann zu Recherchen über mehrere unterschiedliche Tabellenfelder führen
- *Textanalyse*
  Texte werden bezüglich Emotionen und Semantik analysiert
- *Linguistische Suche* und *Synonymsuche*
  Synonyme, Ausdrücke und Sprachvarianten werden bei der Suche berücksichtigt

- *Suchfacetten*
  Sucheingaben können zu Datenanalysen gemäß bestimmter Merkmale genutzt werden; Ausgabe der Ergebnisse als Diagramme möglich
- *Ranking der Resultate*
  Resultate der Suche werden gemäß ihrer Trefferwahrscheinlichkeit sortiert und angezeigt
- *Vorschlagslisten*
  Mögliche Resultate werden bereits während der Sucheingabe des Anwenders zur Auswahl angeboten

Die fehlertolerante **Fuzzy-Suche** ist insbesondere bei der Ermittlung von Adress-Dubletten beliebt, weil gleiche Adressen teilweise unterschiedlich geschrieben sein können. Im Programm wird ein Wert zwischen 0 und 1 gewählt, der den Grad der Textähnlichkeit bei der Suche vorgibt: Während bei 0 sehr unterschiedliche Texte gefunden werden, ist bei 1 eine genaue Übereinstimmung notwendig. Meist hat sich ein Wert von 0,8 als hilfreich erwiesen. Bei der Suche nach Datumswerten drückt der Wert zwischen 0 und 1 die Toleranz gegenüber der Schreibweise des Datums aus. Die Toleranz gegenüber der Abweichung vom gesuchten Datum wird in einem gesonderten Parameter ermittelt (siehe auch Abschnitt 3.1.2, »Datum und Postleitzahl«).

Einige Beispiele für die Eingaben bei der Fuzzy-Suche zeigt Tabelle 3.1.

Suchbegriff	Ergebnis Fuzzy-Suche
Lufthansa	ähnliche Werte wie »Lufthansa« werden gesucht
Lufthansa OR Delta	ähnliche Werte wie »Lufthansa« oder »Delta« werden gesucht
Fluggesellschaft – Delta	ähnliche Werte wie »Fluggesellschaft« werden gesucht, die aber nicht »Delta« sind
>>Air France<<	Hier wird nur »Air France« selektiert, nicht Gesellschaften, die ähnlich zu »Air« oder »France« sind

Tabelle 3.1: Sucheingaben für die Fuzzy-Suche

Bei der **linguistischen Suche** werden Synonymlisten ausgegeben, die eine Sammlung unterschiedlicher Begriffe mit gleicher Bedeutung enthalten.

Bei allen Sucharten können Sie einzelne Begriffe als sogenannte *Stoppwörter* übergeben, die in der Suche wesentlich weniger gewichtet werden als andere Wörter und die deshalb i. d. R. aus der Ergebnisliste herausfallen.

3.1.2 Textsuche in Native SQL von SAP HANA

Volltextindex

Für die Fuzzy-Suche im Column Store von SAP HANA mithilfe von Native SQL verwenden Sie die speziell dafür optimierten Datentypen TEXT und SHORTTEXT. TEXT ist für Langtexte unbekannter Länge und SHORTTEXT für solche mit einer bestimmten Länge gedacht.

Sie können diese Datentypen aber nicht in der Definition einer Datenbanktabelle einsetzen. Dieses Problem können Sie umgehen, indem Sie einen *Volltextindex* für eine Tabellenspalte anlegen. Dadurch wird beim Laden der Daten aus der Tabelle im Hauptspeicher eine weitere Spalte (*Schattenspalte*) vom Typ TEXT erzeugt. Diese enthält dieselben Daten wie die Spalte, für die sie erzeugt wurde, aber in einer für die Textsuche optimierten Darstellung. Ohne einen Volltextindex gibt es keine sinnvolle Textsuche.

In Tabelle 3.2 ist ein Ausschnitt aus der Tabelle SCARR (Fluggesellschaften) dargestellt. Beim Anlegen eines Volltextindex auf die Spalte CARRNAME wurde automatisch die interne Schattenspalte vom Typ TEXT hinzugefügt. Diese Spalte beinhaltet eine ID, die auf ein Wörterbuch verweist (siehe Tabelle 3.3).

CARRID	CARRNAME	...	Interne Spalte vom Typ TEXT
	...		...
AA	American Air-lines		3, 2
AB	Air Berlin		1, 4
AF	Air France		1, 5
LH	Lufthansa		6
	...		...

Tabelle 3.2: Schattenspalte zur Tabelle SCARR

Im Wörterbuch zur Spalte CARRNAME stehen die einzelnen, über eine ID zugeordneten Text-Fragmente.

ID	Wörter
1	Air
2	Airlines
3	American
4	Berlin
5	France
6	Lufthansa
...	...

Tabelle 3.3: Wörterbuch zur Spalte CARRNAME der Tabelle SCARR

Der Volltextindex wird mit der Anweisung `CREATE FULLTEXT INDEX` angelegt. Es existieren viele Varianten dieser Anweisung, die wir hier nicht alle betrachten können. Wir verweisen in dieser Angelegenheit auf das SAP Help Portal *http://help.sap.com* mit dem Suchbegriff »create fulltext index«.

In einem ABAP-Release vor 7.4 können Sie einen Volltextindex nur über die Perspektive SAP HANA DEVELOPMENT in Eclipse anlegen. Dazu rufen Sie die SQL-Konsole in dem Schema auf, in dem der Index angelegt werden soll, und geben dort die folgende Anweisung ein:

```
CREATE FULLTEXT INDEX scarrcarrname
ON sapdea.scarr(carrname);
```

Diese Anweisung erzeugt einen Volltextindex mit dem Namen SCARRCARRNAME für das Feld CARRNAME in der Datenbanktabelle SCARR im Schema SAPDEA.

Die Anweisung muss diesem Muster folgen:

```
CREATE FULLTEXT INDEX <Indexname>
ON <Tabellenname> ( <Spaltenname> )
[<Parameterliste>];
```

Als Parameter (die deutschen Begriffe zeigt Abbildung 3.4) können in der Parameterliste angegeben werden:

LANGUAGE COLUMN <column_name>

LANGUAGE DETECTION (<string_literal_list>)

MIME TYPE COLUMN <column_name> <change_tracking_elem>

FUZZY SEARCH INDEX { ON | OFF }

PHRASE INDEX RATIO <index_ratio>

CONFIGURATION <string_literal>

SEARCH ONLY { ON | OFF }

FAST PREPROCESS { ON | OFF }

TEXT ANALYSIS { ON | OFF }

MIME TYPE <string_literal>

TOKEN SEPARATORS <string_literal>

TEXT MINING `{ ON | OFF }`

TEXT MINING CONFIGURATION `<string_literal>`

Seit ABAP-Release 7.4 können Sie einen Full-Text-Index auch über das ABAP Dictionary anlegen:

1. Rufen Sie die Transaktion *SE11* (ABAP Dictionary) auf.
2. Geben Sie den Namen der Tabelle ein, die den Volltextindex erhalten soll.
3. Drücken Sie die ÄNDERN-Taste wie in Abbildung 3.1 dargestellt.

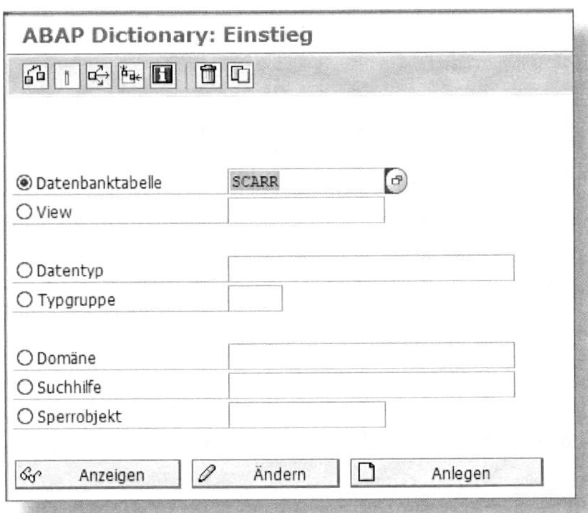

Abbildung 3.1: Tabelle ändern im ABAP Dictionairy

4. Wechseln Sie zum Reiter INDIZES ❶, wie in Abbildung 3.2
5. Klicken Sie auf den ANLEGEN-Button (leeres Blatt-Icon, ❷).
6. Wählen Sie den Eintrag EXTENSION-INDEX ANLEGEN ❸.
7. Im neuen Pop-up wählen Sie eine Indexkennung, z. B. »Z01« aus.
8. Sie gelangen auf den in Abbildung 3.3 gezeigten Screen.

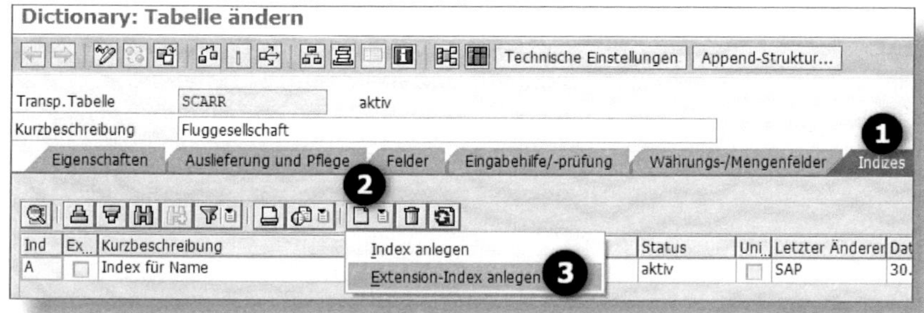

Abbildung 3.2: Extension-Index anlegen

Abbildung 3.3: Anlage Index für Full-Text-Index

9. Wählen Sie den Index AUF AUSGEWÄHLTEN DATENBANKEN und drücken Sie auf den Pfeil rechts neben dem Feld (Schritt ❶ und ❷).

10. Es öffnet sich die Sicht »Datenbank-spefizifscher Index«. Geben Sie dort als Auswahlliste *HDB* an (Schritt ❸).

11. Als INDEXFELD benennen Sie die Spalte, für die der Full-Text-Index angelegt werden soll: in diesem Fall für das Feld *Name* der Tabelle (Schritt ❹).

12. Wählen Sie im Menü des Index-Screens SPRINGEN • VOLLTEXTINDEX.

13. Aktivieren Sie in dem sich öffnenden Pop-up (Abbildung 3.4) den Volltextindex, indem Sie den Haken bei FULL TEXT INDEX setzen.

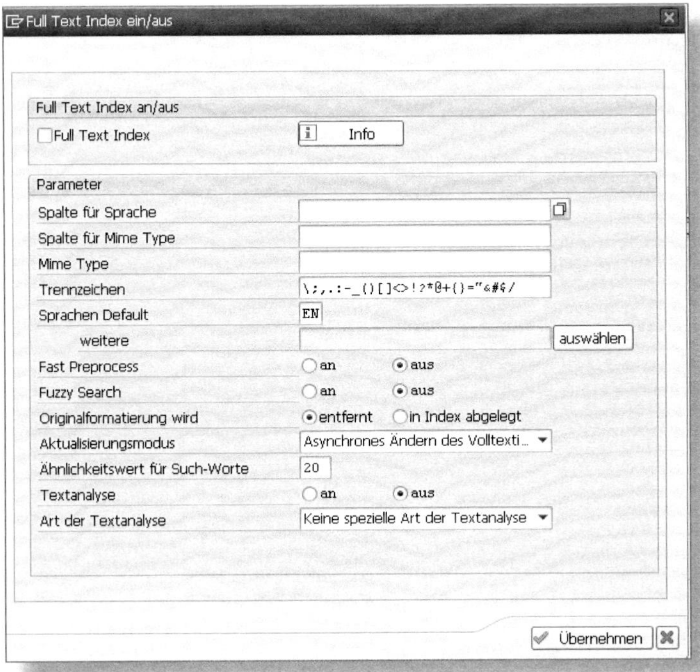

Abbildung 3.4: Anlage Volltextindex

14. Bei den Parametern genügen normalerweise neben der Sprachenkonfiguration (durch SPALTE FÜR SPRACHE oder SPRACHEN DEFAULT) die Standardeinstellungen. Je nach Anforderung können Sie dort aber auch Ihre Werte setzen.

15. Drücken Sie den Button ÜBERNEHMEN.

16. Aktivieren Sie Ihren angelegten Index über den Button .

Die Anlage des Volltextindexes über die *SE11* ist die komfortabelste Variante. Wenn Sie allerdings mit einem älteren ABAP-Release als 7.4 arbeiten oder die HANA-Datenbank als Side-by-Side-Szenario nutzen, müssen Sie den Full-Text-Index über ADBC anlegen. In diesem Fall lohnt es sich, wenn Sie einen ABAP-Report erstellen, der für alle Bedarfe einen Full-Text-Index anlegen oder löschen kann. Dieser Report könnte wie in Listing 3.1 aussehen.

```
REPORT zmaintain_full_text_index.

" Konfiguration
PARAMETERS:
  table  LIKE dd02l-tabname DEFAULT 'SCUSTOM',
  column LIKE dd03l-fieldname DEFAULT 'NAME',
  fzyidx TYPE abap_bool AS CHECKBOX DEFAULT abap_false,
  ta     TYPE abap_bool AS CHECKBOX DEFAULT abap_false,
  taconfig TYPE string DEFAULT 'EXTRACTION_CORE',
  drop   TYPE abap_bool AS CHECKBOX DEFAULT abap_true,
  create TYPE abap_bool AS CHECKBOX DEFAULT abap_true.

" Indexname (<Tabelle>~<Spalte>)
DATA(lv_idx) = table && '~' && column.
" SQL-Anweisung zum Anlegen eines Full-Text-Index
DATA(lv_sql) = |CREATE FULLTEXT INDEX { lv_idx } |
&& |ON { table }({ column })|.

" Zusätzlicher Fuzzy-Search-Index
IF fzyidx = abap_true.
  lv_sql = lv_sql && ' FUZZY SEARCH INDEX ON'.
ENDIF.

" Textanalyse
IF ta = abap_true.
  lv_sql = lv_sql && ' TEXT ANALYSIS ON'.
  " Spezielle Konfiguration der Textanalyse
  IF ( taconfig IS NOT INITIAL ).
    lv_sql = lv_sql && | CONFIGURATION '{ taconfig }'|.
  ENDIF.
ENDIF.
```

```
IF drop = abap_true.
  TRY.
      " Index entfernen
      cl_sql_connection=>get_connection(
      )->create_statement( )->execute_ddl(
      |DROP FULLTEXT INDEX { lv_idx }|
      ).
      WRITE: / |Fulltext index { lv_idx } entfernt|.
    CATCH cx_sql_exception INTO DATA(lo_ex).
      " Fehlerbehandlung
      WRITE: / | Fehler: { lo_ex->get_text( ) }|.
  ENDTRY.
ENDIF.

IF create = abap_true.
  TRY.
      " Textindex über ADBC anlegen
      cl_sql_connection=>get_connection(
      )->create_statement(
      )->execute_ddl( lv_sql ).
      WRITE: / |Fulltext index { lv_idx } angelegt|.
    CATCH cx_sql_exception INTO DATA(lo_ex1).
      " Fehlerbehandlung
      WRITE: / | Fehler: { lo_ex1->get_text( ) }|.
  ENDTRY.
ENDIF.
```

Listing 3.1: Report für das Anlegen und Löschen eines Full-Text-Index

In Listing 3.1 wird ein Volltextindex angelegt (CREATE) oder gelöscht (DROP). Außerdem werden die Parameter FUZZY SEARCH INDEX und TEXT ANALYSIS aktiviert. *Fuzzy Search Index* kann die Suche in großen Dokumenten noch einmal wesentlich beschleunigen, indem eine zusätzliche Spalte angelegt wird. Andererseits kostet Fuzzy Search Index aber zusätzlichen Speicherplatz. *Text Analysis* (Textanalyse) kann Entitäten wie Personen, Produkte oder Plätze von Dokumenten extrahieren und in der Datenbank abspeichern. Mit eingeschalteter Textanalyse können Sie umfangreiche Analysen durchführen, auch im Hinblick auf grammatikalische, emotionale oder semantische Vorgaben.

Die für eine Tabelle angelegten Volltext-Indizes sehen Sie, wenn Sie im SAP HANA STUDIO auf den Namen einer Tabelle doppelklicken. Sie finden ihn im Reiter INDEXES.

Textsuche durchführen über CONTAINS

Die Textsuche wird in SAP HANA mithilfe der Funktion CONTAINS in SELECT-Anweisungen nach folgendem Muster durchgeführt:

```
SELECT <Feldliste>
FROM <Tabelle oder View>
WHERE CONTAINS (<Spalten>, <Suchanfrage>, <Parameter>);
```

Listing 3.2 zeigt ein einfaches Beispiel für eine Selektion.

```
SELECT *
      FROM scustom
      WHERE CONTAINS(name, 'Frauke', FUZZY(0.8));
```

Listing 3.2: Textsuche über CONTAINS

Über diese Suchanfrage werden Einträge aus der Tabelle SCUSTOM über die Fuzzy-Suche selektiert, deren Ausprägung im Feld NAME ähnlich wie *Frauke* ist. Der Schwellenwert für die Fuzzy-Suche ist dabei auf 0.8 gesetzt. Das ist der gebräuchlichste Wert.

Neben FUZZY sind noch zwei weitere Parameter einsetzbar:

- EXACT – das ganze Wort muss mit der Suchanfrage übereinstimmen; es ist die Standardeinstellung, wenn kein Parameter übergeben wird.
- LINGUISTIC – führt eine Suche durch, bei der Sprachvarianten, z. B. Haus und Hause, als relevant definiert werden.

Die Suchbegriffe können mit folgenden Such-Operatoren kombiniert werden:

- OR – Treffer enthält mindestens einen der Suchbegriffe
- - (Minus) – Treffer darf den Suchbegriff nicht enthalten
- " " (Anführungszeichen) – die Suchbegriffe werden als String behandelt, deshalb muss der Treffer exakt sein
- * – ersetzt 0 oder mehr Zeichen im Suchbegriff
- ? – ersetzt genau ein Zeichen

Sie können in der CONTAINS-Funktion auch mehrere zu durchsuchende Felder angeben (siehe Listing 3.3).

```
SELECT *
  FROM scustom
   WHERE CONTAINS((name, city), 'Frauke' OR Frank*, EXACT);
```

Listing 3.3: CONTAINS mit mehreren Feldern und Suchbegriffen

Hier findet die Suche in den Feldern NAME und CITY der Tabelle SCUSTOM statt. Als Suchbegriffe sind FRAUKE und alle Wörter, die mit FRANK beginnen, definiert. Die Wörter müssen exakt mit der Suchanfrage übereinstimmen. Wie bereits angemerkt, ist EXACT die Standardeinstellung, wenn kein Parameter angegeben ist.

In Listing 3.4 ist für die Spaltenangabe der CONTAINS-Funktion ein * gesetzt. Dieses führt zu einer Suche in allen Spalten, für die ein Full-Text-Index gesetzt ist.

```
SELECT *
  FROM scustom
   WHERE CONTAINS(*, 'Frauke' OR Frank*, EXACT);
```

*Listing 3.4: CONTAINS mit * als Spaltenangabe*

Für eine Selektionssuche in mehreren Tabellen können Sie einen Join, einen View (auch analytischen View) oder den Datenbank-View von CDS-Views verwenden.

! Einschränkungen von CONTAINS

Die Textsuche mit CONTAINS kann nur in Column-Store-Tabellen durchgeführt werden. Sie ist zudem nicht auf berechnete Attribute eines Views anwendbar.

Die Suche darf sich nur auf eine Tabelle oder einen View beziehen. Wenn über einen Join mehrere Tabellen verknüpft werden, müssen alle genannten Felder in der CONTAINS-Funktion aus einer Tabelle stammen.

Um weitere Informationen über die gefundenen Texte zu erhalten, stehen die speziellen skalaren Funktionen `SCORE( )`, `SNIPPETS( )` und `HIGHLIGHTED( )` zur Verfügung.

Mithilfe der Funktion `SCORE( )` wird zum gefundenen Text ein Wert für die Übereinstimmung mit der Suchanfrage hinzugefügt. Dieser Wert liegt zwischen 0 und 1, wobei 1 die exakte Übereinstimmung angibt.

Meist wird diese Angabe für die Sortierung von Texten verwendet. Listing 3.5 sortiert die gefundenen Texte absteigend nach dem Übereinstimmungsgrad mit der Suchanfrage. Das bedeutet, dass die Texte mit dem höchsten Übereinstimmmungsgrad oben in der Liste stehen. In diesem Fall wird der Score-Wert nicht ausgegeben.

```
SELECT *
       FROM scustom
       WHERE CONTAINS(name, 'Frauke', FUZZY(0.8))
       ORDER BY SCORE( ) DESC;
```

Listing 3.5: Sortierung der gefundenen Texte nach Übereinstimmungsgrad zur Suchanfrage

Der Übereinstimmungswert kann ausgegeben werden. Hierzu finden Sie in Listing 3.6 ein Beispiel. Darin werden die beiden Spalten SCORE und NAME selektiert, wobei das Feld SCORE den errechneten Übereinstimmungswert der Funktion SCORE() beinhaltet.

```
SELECT SCORE( ) AS score, name
       FROM scustom
       WHERE CONTAINS(name, 'Frauke', FUZZY(0.8))
       ORDER BY score DESC;
```

Listing 3.6: Ausgabe des Übereinstimmungswertes zur Suchanfrage

Gradmessung bei score( ) und fuzzy( )

Die Schwellenwertermittlung bei SCORE( ) und FUZZY( ) erfolgt unterschiedlich. Deshalb kann es sein, dass die Angabe des Übereinstimmungsgrades von SCORE( ) unterhalb des gewünschten Schwellenwertes von FUZZY( ) liegt.

In Listing 3.7 und Listing 3.8 werden die Fundstellen in den selektierten Wörtern besonders gekennzeichnet. Mit HIGHLIGHTED( ) wird das gesamte Wort, mit SNIPPETS( ) nur das Auftreten eines Ausschnitts vom Gesamtwort ausgegeben.

```
SELECT *, HIGHLIGHTED(name)
       FROM scustom
       WHERE CONTAINS(name, 'Frauke', FUZZY(0.8))
       ORDER BY SCORE( ) DESC;
```

Listing 3.7: Textsuche mit hervorgehobener Funktion – Ausgabe ganzer Wörter

```
SELECT *, SNIPPETS(name)
       FROM scustom
       WHERE CONTAINS(name, 'Frauke', FUZZY(0.8))
       ORDER BY SCORE( ) DESC;
```

Listing 3.8: Textsuche mit hervorgehobener Funktion – Ausgabe von Wortteilen

Die Verwendung dieser beiden Funktionen ist nur bei der Suche in einer Spalte, nicht jedoch über mehrere Spalten möglich. Ihnen wird zudem nur die erste Fundstelle in einer Spalte bzw. einem Dokument angezeigt.

`SNIPPETS( )` kann bei langen Texten hilfreich sein, da Teile des Textes vor und nach dem Treffer zusammen mit dem Suchbegriff ausgegeben werden. Bei kurzen Texten stimmt die Ausgabe mit und ohne `SNIPPETS( )` in beiden Fällen überein.

Stoppwörter

Mithilfe von Stoppwörtern werden bei der Textsuche bestimmte Begriffe aus dem Suchergebnis ausgeschlossen. Diese Stoppwörter müssen in eine Datenbanktabelle geschrieben werden, die während der Textsuche vom System ausgelesen wird.

Diese Datenbanktabelle muss der in Tabelle 3.4 gezeigten Struktur entsprechen.

Feld	SQL-HANA-Datentyp	Beispiel
stopword_id	VARCHAR(32)	1
list_id	VARCHAR(32)	Name
language_code	CHAR(2)	
term	NVARCHAR(200)	Müller

Tabelle 3.4: Struktur der Stoppworttabelle in SAP HANA

Im ABAP Data Dictionary erstellen Sie die Tabelle wie in Abbildung 3.5.

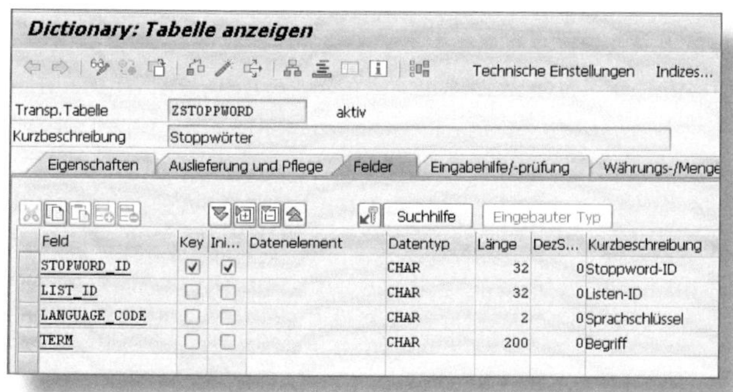

Abbildung 3.5: Stoppworttabelle im ABAP Data Dictionary

Die angelegte Tabelle hat in diesem Fall den Namen *ZSTOPPWORD*.

Die FELDER haben folgende Bedeutung:

- *Stopword_id* – Schlüssel der Tabelle für das Stoppwort
- *List_id* – Name der Liste (Oberbegriff für die einzugebenden Worte)
- *Language_code* – kann einen Sprachschlüssel für sprachabhängige Texte beinhalten
- *Term* – das zu stoppende Wort

Sie können auch ein Mandantenfeld in die Tabelle einfügen. In diesem Fall definieren Sie einen zusätzlichen View, in dem das Mandantenfeld herausgenommen ist.

In Listing 3.9 nehmen wir an, dass wir die Stoppwort-Tabelle ZSTOPPWORD mit dem Wort »Müller« gefüllt haben. Bei der Suche mit Stoppwörtern muss immer zusätzlich der Parameter `textSearch=compare` angegeben werden.

```
SELECT *
  FROM scustom
  WHERE CONTAINS(name, 'M*', FUZZY(0.8,
  'textSearch=compare, stopwordTable=ZSTOPPWORD,
   stopwordListId=Name, similarCalculationMode=search' )
  );
```

Listing 3.9: Textsuche mit Stoppwörtern

Dieses führt dazu, dass alle Namen ausgegeben werden, die mit M beginnen – bis auf »Müller«. Auch Texte, die den Begriff »Müller« neben anderen Begriffen beinhalten, werden nicht angezeigt, während Begriffe mit »Müller« als Teilfragment aufgeführt werden. Wenn es sich etwa um eine Suche nach Fluggesellschaften handelt und das Wort »Air« ausgeschlossen ist, wird United Airlines angezeigt, nicht aber Air Canada.

Synonyme

So wie bei Stoppwörtern gibt es auch bei Synonymen eine Konfigurationstabelle, mit der Sie angeben, welche Wörter ähnlich und daher als anzuzeigen definiert werden (sogenanntes *Term Mapping*).

Die Datenbanktabelle muss die Struktur aus Tabelle 3.5 besitzen.

Feld	SQL-HANA-Datentyp	Beispiel
mapping_id	VARCHAR(32)	1
list_id	VARCHAR(32)	Name
language_code	CHAR(2)	
term_1	NVARCHAR(255)	Müller
term_2	NVARCHAR(255)	Müllerin
Weight	DECIMAL	0.8

Tabelle 3.5: Struktur der Synonymtabelle in SAP HANA

Im ABAP Data Dictionary erstellen Sie die Datenbanktabelle mit folgenden FELDERN (siehe Abbildung 3.6);

- *Mapping_ID* – Schlüssel für das Term-Mapping
- *List-ID* – Name der Liste (Oberbegriff für das betreffende Term-Mapping)
- *Language_code* – hier kann ein Sprachschlüssel für sprachabhängiges Term-Mapping eingegeben werden
- *Term 1* und *2* – dies sind die ähnlichen Begriffe
- *Weight* – darüber wird ein Übereinstimmungsgrad zwischen 0 und 1 bestimmt, der bei der Suche mit ausgewertet werden soll

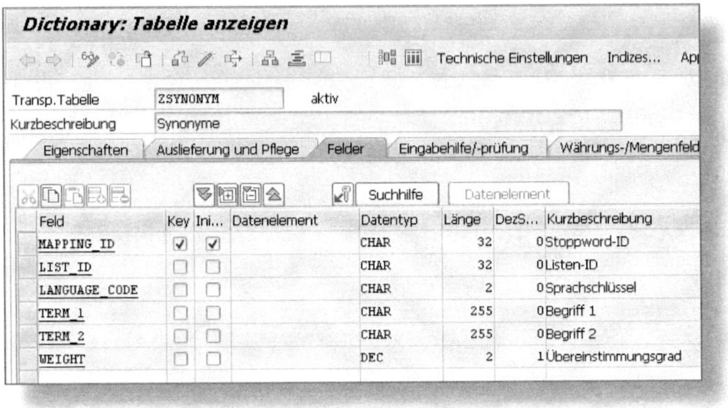

Dictionary: Tabelle anzeigen

Transp.Tabelle ZSYNONYM aktiv

Kurzbeschreibung Synonyme

Feld	Key	Ini...	Datenelement	Datentyp	Länge	DezS...	Kurzbeschreibung
MAPPING_ID	✓	✓		CHAR	32	0	Stoppword-ID
LIST_ID	☐	☐		CHAR	32	0	Listen-ID
LANGUAGE_CODE	☐	☐		CHAR	2	0	Sprachschlüssel
TERM_1	☐	☐		CHAR	255	0	Begriff 1
TERM_2	☐	☐		CHAR	255	0	Begriff 2
WEIGHT	☐	☐		DEC	2	1	Übereinstimmungsgrad

Abbildung 3.6: Synonymtabelle in ABAP Data Dictionary

Auch diese Datenbanktabelle kann ein Mandantenfeld beinhalten. Dann benötigen Sie wiederum einen zusätzlichen View auf die Tabelle, in welchem dieses Mandantenfeld nicht enthalten ist.

Nehmen wir an, dass wir die Datenbanktabelle ZSYNONYM mit dem Beispiel aus Tabelle 3.5 gefüllt haben. Dann erhalten wir über Listing 3.10 die Ergebnisse »Müller« und »Müllerin«, weil die Fuzzy-Suche sagt, dass alles ab Faktor 0.8 selektiert werden darf.

```
SELECT *
  FROM scustom
  WHERE CONTAINS(name, 'Müller', FUZZY(0.8,
  'textSearch=compare, termMappingTable=ZSYNONYM,
  termMappingListId=Name, similarCalculationMode=search')
  );
```

Listing 3.10: Textsuche mit Synonymen

Wenn Sie unterschiedliche Werte in die Tabelle eingegeben haben und alle Werte, die mit der *List-ID* »Name« enthalten sind, auswählen möchten, geben Sie bei der Selektion einen niedrigen Gewichtungsfaktor von z. B. 0.2 ein. Dadurch erhalten Sie alle Daten mit demselben Oberbegriff.

Stoppwörter und Synonyme lassen sich auch gemeinsam in einer Selektion verwenden.

Datum und Postleitzahl

Die Suche nach Datum und Postleitzahl gestaltet sich etwas aufwendiger. Wir brauchen in den auszulesenden Tabellen spezielle Datentypen und Spaltendefinitionen für Datum und Postleitzahl. Allerdings benötigen wir hier keinen Full-Text-Index, weil eine Zerlegung in Wörter entfällt.

In Listing 3.11 legen wir eine Datenbanktabelle in einem Schema des SAP HANA Studios an, deren Felder bestimmte Datentypen für Postleitzahl und Datum besitzen.

```
create column table custom_fuzzy (
    mandt NVARCHAR(3) DEFAULT '000' NOT NULL ,
    id NVARCHAR(8) DEFAULT '00000000' NOT NULL ,
    name NVARCHAR(25) DEFAULT '' NOT NULL ,
    city NVARCHAR(25) DEFAULT '' NOT NULL ,
    postcode NVARCHAR(10) FUZZY SEARCH MODE 'postcode',
    lastbooking DATE
);
```

Listing 3.11: Anlage einer HANA-Datenbanktabelle mit speziellen Datentypen für die Textsuche in Datum und Postleitzahl

Für das Datum in Listing 3.11 verwenden wir den Native-SQL-Datentyp DATE (Feld LASTBOOKING) und für die Postleizahl (Feld POSTCODE) den speziellen FUZZY SEARCH MODE POSTCODE.

In Listing 3.12 füllen wir diese neu angelegte Tabelle mit Daten.

```
INSERT INTO custom_fuzzy
SELECT c.mandt, c.id, c.name, c.city, c.postcode,
       TO_DATE( MIN ( b.order_date ) ) AS lastbooking
FROM sapdea.sbook AS b INNER JOIN sapdea.scustom AS c
ON b.mandt = c.mandt AND b.customid = c.id
GROUP BY c.mandt, c.id, c.name, c.city, c.postcode;
```

Listing 3.12: Füllen der Datums- und Postleitzahltabelle mit Daten

Bei der Selektion in Listing 3.12 werden die Tabellen aus dem Systemschema SAPDEA selektiert. Sie müssen für sich Ihr eigenes Systemschema finden.

```
SELECT lastbooking, SCORE()
       FROM custom_fuzzy
       WHERE CONTAINS(lastbooking, '2020-11-13',
             FUZZY(0.9, 'maxDateDistance=3'))
       ORDER BY SCORE() DESC;
```

Listing 3.13: Selektion des Datums

In Listing 3.13 wird das Datum vom 13.11.2020 selektiert, wobei es eine Toleranz von drei Tagen gibt. Durch den Übereinstimmungsgrad von 0.9 werden außerdem ähnliche Schreibweisen vom Datum selektiert, z. B. wenn Tag und Monat vertauscht sind. Gegebenfalls müssen Sie bei der Angabe der Datenbanktabelle noch das Schema anführen.

In Listing 3.14 werden Postleitzahlen selektiert. Der Übereinstimmungsgrad der Fuzzy-Suche gibt die räumliche Nähe zur gewünschten Postleitzahl an. Bei 0.7 werden auch Postleitzahlen in einem gewissen Radius um 69190 selektiert.

```
SELECT postcode, SCORE()
       FROM custom_fuzzy
       WHERE CONTAINS( postcode, '69190', FUZZY(0.7))
       ORDER BY SCORE() desc;
```

Listing 3.14: Selektion der Postleitzahl

Auch für Hausnummern bietet die Fuzzy-Suche spezielle Such-Unterstützungen mit dem FUZZY SEARCH MODE HOUSENUMBER, auf die wir aber nicht näher eingehen möchten.

Weitere Fuzzy-Optionen

Weitere Funktionen, die im Zusammenhang mit einer Fuzzy-Suche eingesetzt werden können, sind:

- similarCalculationMode
- spellCheckFactor
- interScriptMatching
- fuzzySubstringMatch

Die FUZZY-Funktion besitzt zudem einige Parameter, die angeben, wie die Suche gestaltet werden soll. Einer dieser Parameter ist `similarCalculationMode`. Er gibt die Größe des Suchausschnitts für einen Text an. Die hierfür möglichen Werte sind `search` und `compare`. Der Wert `search` sorgt dafür, dass nur ein Teil des Textes mit der Suchanfrage übereinstimmen muss. Bei `compare` muss der gesamte Text identisch zur Suchanfrage sein.

Alle Parameter werden mit Hochkommata geschrieben und mehrere durch Kommas getrennt, wie in Listing 3.15 zu sehen.

```
SELECT *
       FROM scustom
       WHERE CONTAINS(name, 'Frauke', FUZZY(0.8,
       'similarCalculationMode=search'));
```

Listing 3.15: Textsuche mit FUZZY-Parametern

Mit *similarCalculationMode* bestimmt der Entwickler, wie die Ähnlichkeit von zwei Strings berechnet wird. Dabei kann der errechnete Score der Fuzzy-Suche beeinflusst werden. Beispielhaft sind in Tabelle 3.6 drei der insgesamt sechs verfügbaren Mode-Optionen dargestellt. COMPARE wirkt sich deutlich auf zusätzliche Buchstaben innnerhalb des Suchbegriffs oder im Text aus. TYPEAHEAD wertet nicht übereinstimmende Buchstaben deutlich ab, ebenso wie SEARCH, bei dem jedoch zusätzliche Buchstaben im Text kaum ins Gewicht fallen. Anhand der Beispiele wird deutlich, welche Option sich wie auf die Berechnung des Score auswirkt.

		Mode		
Suche	Referenz	COMPARE	TYPEAHEAD	SEARCH
search	searching	0.76	1.0	0.96
search	seerch	0.85	0.85	0.75
search	searching forextra terrestriallife	0.0	0.91	0.91

Tabelle 3.6: Fuzzy-Suche im Überblick mit der Option similarCalculationMode

Die Funktion *spellCheckFactor* erlaubt, dass Begriffe einen Score von 1.0 haben, obwohl sie nicht identisch sind. Dazu sind definierte Vereinheitlichungen hinterlegt, wie ü = ue oder é = e. So sind die beiden Begriffe »Cafe« und »cafe« zwar nicht identisch, führen über den SpellCheckFactor jedoch zu einem Score von 1.0. Diese Funktion kann eine Synonymtabelle ergänzen bzw. in einigen Fällen sogar überflüssig machen.

Die Fuzzy-Suche unterstützt alle Zeichen aus dem Unicode-Standard. Wenn Sie beispielsweise eine Geschäftsbeziehung mit der chinesischen Stadt Shanghai aufbauen wollen, hinterlegen Sie im Profil als Geschäftsstadt »Shanghai«. Ein Chinese, der nach Geschäftspartnern in Shanghai sucht, sucht mit dem entsprechenden chinesischen Zeichen. Er würde also keinen Treffer erhalten. Hier kann die Funktion *interScriptMatching* Abhilfe schaffen. Sie ermöglicht die Suche mittels lateinischer Buchstaben nach Wörtern mit abweichenden/fremden Schriftzeichen. So könnte der chinesische Geschäftsmann auch einen deutschen Geschäftspartner finden und umgekehrt.

Über die Funktion *fuzzySubstringMatch* wird festgelegt, ob die Übereinstimmung irgendwo im Wort auftreten kann oder am Anfang eines Strings sein muss. Zur Auswahl stehen die in Tabelle 3.7 aufgelisteten Optionen.

fuzzySubstringMatch	Beschreibung
anywhere	keine Bevorzugung der Position im String
beginning	der gesuchte Text muss zwingend am Anfang stehen
off (default)	Default, keine Änderung bzgl. des Score
on (veraltet)	schaltet den Vergleich an, ist jedoch veraltet; stattdessen sollte die Option anywhere genutzt werden

Tabelle 3.7: Überblick der Fuzzy-Option fuzzySubstringMatch

In Listing 3.16 ist ein Beispiel-Select dargestellt, in dem die beschriebenen Funktionen verwendet werden.

```
SELECT *
      FROM scustom
      WHERE
      CONTAINS(street, 'Linden',
        FUZZY(0.8,
            'similarCalculationMode=flexible,
             lengthTolerance=0.85,
             errorDevaluate=0.9,
             fuzzySubstringMatch=beginning'
        )
      )
      ORDER BY score DESC;
```

Listing 3.16: Textsuche mit Funktion fuzzySubstringMatch

In diesem Beispiel wird die Option »beginning« genutzt. Als Treffer werden alle Straßen zurückgeliefert, die »Linden« heißen oder mit »Linden« beginnen.

Neben den hier im Buch erwähnten Fuzzy-Funktionen gibt es noch zahlreiche weitere. Bitte nutzen Sie für weitere Recherchen das SAP Help Portal unter dem Link *http://help.sap.com* und suchen Sie nach »Available Fuzzy Search Options«.

3.1.3 Textsuche in ABAP

In Abschnitt 3.1.2 haben Sie gelernt, wie Sie in SAP HANA Studio unter Verwendung von Native SQL Textsuchen durchführen. Eine Funktionalität wie die CONTAINS-Funktion gibt es leider in normalen ABAP-Programmen nicht. Sie können bei der Textsuche aber auch ABAP-Datenbankprozeduren (vgl. Abschnitt 2.9.4) oder CDS-Views (vgl. Abschnitt 2.9.2) einsetzen. Diese werden bekanntlich in SQLScript in Verbindung mit Native SQL implementiert und können somit auch die CONTAINS-Funktion auswerten, die wir Ihnen umfassend vorgestellt haben.

Wertehilfen

Eine beliebte Anwendungsbasis für Textsuchen sind Wertehilfen. Sie sind als Suchhilfen im ABAP Dictionary angelegt. Es werden *elementare Suchhilfen* und *Sammelsuchhilfen* unterschieden. Bei Letzteren könnte man eine Registerkarte anlegen, die Text suchoptimiert aus SAP HANA selektiert und nur bei der Verwendung von HANA-Datenbanken angezeigt wird.

Seit dem ABAP-Release 7.4 besteht auch die Möglichkeit, Suchergebnisse bereits während der Eingabe seitens des Anwenders anzuzeigen.

Für Textsuchen in Wertehilfen und die vorzeitige Anzeige möglicher Suchergebnisse müssen Sie nur die entsprechenden Checkboxen in der Suchhilfenverwaltung aktivieren (siehe Abbildung 3.7).

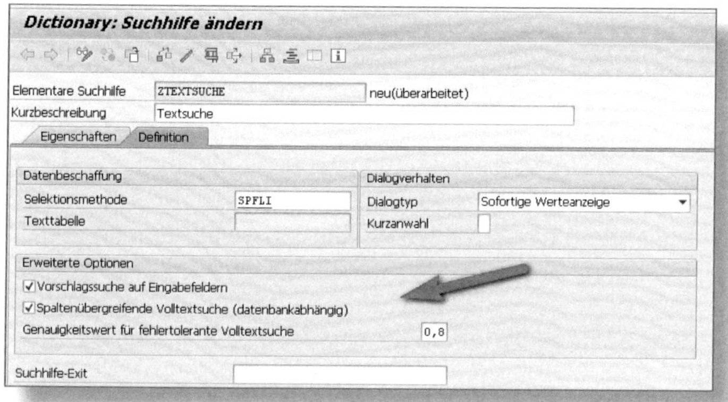

Abbildung 3.7: Checkboxen für Textsuche in Suchhilfe

Wenn Sie eine HANA-Datenbank besitzen, können Sie außerdem den Übereinstimmungsgrad für die Textsuche angeben. Sie benötigen dazu keinen Full-Text-Index.

Wollen Sie eine Wertehilfesuche über mehrere Tabellen gleichzeitig durchführen, können Sie als Selektionsmethode einen View angeben. Wir empfehlen, für Textsuchen über mehrere Tabellen einen CDS-View zu benutzen.

Gegebenenfalls können Sie auch eine Textsuche im Suchhilfe-Exit implementieren. Dessen Suchhilfephasen können Sie dabei gemäß Tabelle 3.8 nutzen:

Phase	Bedeutung
SELONE	Diese Phase ist wichtig für Sammelsuchhilfen. Sie können Anzahl und Reihenfolge der elementaren Suchhilfen beeinflussen. Vor allem lässt sich die Suchhilfe für SAP HANA ausblenden, wenn Sie nicht mit einer HANA-Datenbank arbeiten.
PRESEL	Hier beeinflussen Sie die Selektionsbedingungen und können z. B. für die Fuzzy-Suche Sonderzeichen wie * einsetzen.
SELECT	Diese Phase bietet die Möglichkeit, eine eigene Selektion durchzuführen, etwa mit Textsuche, mit AMDP oder ADBC.
DISP	Hier wirken Sie auf die Anzeige der Daten ein.

Tabelle 3.8: Phasen des Suchhilfe-Exits für Textsuche

3.2 Entscheidungstabellen in SAP HANA

Sie sind es gewohnt, Fallunterscheidungen in Programmen durchzuführen. Je nach Ausgangssituation sollte das Programm unterschiedliche Wege gehen. Die SAP hat in SAP HANA *Entscheidungstabellen* eingeführt, die diese Fallunterscheidungen mithilfe von Wenn-dann-Regeln ins Customizing auslagern. Dadurch muss nicht mehr das Programm geändert werden, wenn eine neue Situation eintritt, die bisher nicht berücksichtigt war.

Diese Entscheidungstabellen stellen das Customizing von sehr einfachen Regeln dar. Ein umfangreicheres Angebot bietet Ihnen das im ABAP-Applikationsserver zur Verfügung stehende BRFplus. Außerdem ist ein sehr umfangreiches Customizingangebot in Form des *SAP HANA Rules Frameworks (HRF)* erschienen. Wir beschränken uns in diesem Buch aber auf die Entscheidungstabellen in SAP HANA.

3.2.1 Umgang mit den Entscheidungstabellen in SAP HANA

Die Entscheidungstabellen in SAP HANA sind so aufgebaut, dass Parameter (*Bedingungen*) zu Entscheidungen (*Aktionen*) führen. Bedingungen können sich auf Werte in Feldern von Datenbanktabellen bzw. Views oder auf berechnete Werte beziehen, während Aktionen dazu führen, dass Werte in Feldern einer Datenbanktabelle geändert oder Werte eines kalkulierten Feldes in einem View ermittelt werden.

Die erste Variante, das Schreiben von Werten in Felder einer Datenbanktabelle, sollten Sie in ABAP realisieren – so, wie Sie alle schreibenden Operationen in normalen ABAP-Programmen umsetzen sollten. Später werden wir erklären, wie Sie Entscheidungstabellen in ABAP auslesen.

Die Entscheidungstabellen werden in der Perspektive MODELER von SAP HANA Studio verwaltet. Bei ihrer Aktivierung werden Laufzeitobjekte, z. B. Views oder Prozeduren, erzeugt. Im Folgenden legen wir eine Entscheidungstabelle an, mit deren Hilfe wir den Flugpreis ermitteln.

1. Wechseln Sie in die Perspektive SAP HANA MODELER.
2. Markieren Sie im Ordner CONTENT ein Paket, in dem Sie die Entscheidungstabelle anlegen möchten.
3. Klicken Sie mit der rechten Maustaste auf das Paket und wählen Sie im Kontextmenü NEW • DECISION TABLE.

Es erscheint ein Pop-up, wie Sie es in Abbildung 3.8 sehen.

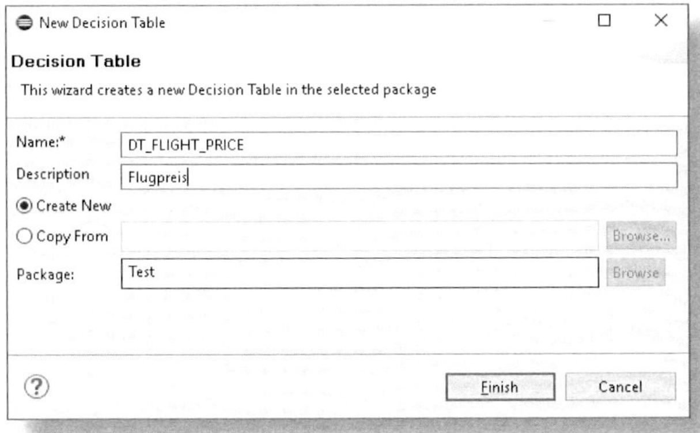

Abbildung 3.8: Anlage Entscheidungstabelle

4. Geben Sie einen NAMEN für die Entscheidungstabelle ein, in diesem Fall *DT_FLIGHT_PRICE*, und eine Beschreibung (DESCRIPTION), hier *Flugpreis*.

5. Drücken Sie den Button FINISH.

Sie befinden sich jetzt im Editor der Entscheidungstabelle (siehe Abbildung 3.9).

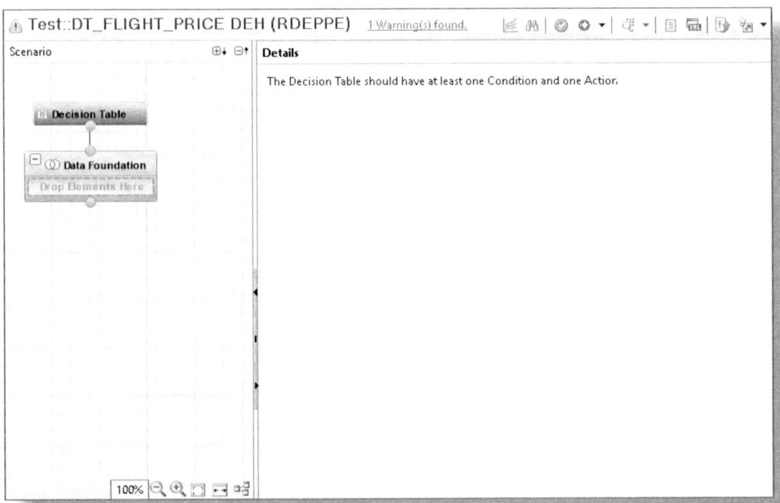

Abbildung 3.9: Editor Entscheidungstabelle

Der Editor ist in zwei Bereiche aufgeteilt: DATA FOUNDATION und DECISION TABLE. Im Bereich DATA FOUNDATION definieren Sie die Datenbasis: Tabellen, Views oder analytische Views. Außerdem geben Sie im Kopf des Bereichs die Regeln an. Im Bereich DECISION TABLE pflegen Sie die Werte für die Regeln.

6. Um die Datenbasis einzugeben, gehen Sie mit der Maus auf den Knoten DATA FOUNDATION. Es erscheint rechts davon ein grünes Kreuz. Klicken Sie es an.

7. Verwenden Sie die Datenbanktabelle SBOOK, indem Sie in das sich öffnende Pop-up den Namen *SBOOK* eingeben. Sie sehen dann eine Liste, aus der Sie die Tabelle *SBOOK* des Systemschemas auswählen.

8. Drücken Sie den Button OK.

9. Wiederholen Sie die Schritte 7 und 8 mit der Datenbanktabelle SCUSTOM.

10. Legen Sie eine Verbindung zwischen diesen beiden Tabellen mit den Feldern SBOOK-MANDT und SCUSTOM-MANDT sowie den Feldern SBOOK-CUSTOMID und SCUSTOM-ID an. Hierzu müssen Sie das jeweilige Feld in SBOOK markieren und dann mit gedrückter Maustaste zum Feld in der anderen Tabelle ziehen.

11. Als Bedingungen für unsere anzulegenden Regeln benötigen wir die Felder SBOOK-MANDT, SBOOK-CARRID, SBOOK-CONNID und SCUSTOM-CUSTTYPE. Dafür müssen Sie diese Felder zunächst als Attribute der Entscheidungstabelle definieren. Dies gelingt am einfachsten, indem Sie auf den Punkt links neben dem Feldnamen klicken.

12. Wenn Sie die in Punkt 11 genannten Felder als Attribute definiert haben, müssen wir diese Attribute als Bedingung kennzeichnen, indem wir im Bereich OUTPUT deren Namen markieren und im Kontextmenü der rechten Maustaste ADD AS CONDITIONS auswählen.

Wir benötigen für die Preisbestimmung ein Attribut, welches eine Preisklasse (entweder »R« für »reduzierter Preis« oder »V« für »Vollpreis«) ausweist. Dieses Attribut legen wir als Parameter an.

13. Legen Sie den Parameter an, indem Sie den Ordner im Bereich OUTPUT markieren und im Kontextmenü NEW auswählen.

14. Drücken Sie jeweils auf den Button ADD, um die in Abbildung 3.10 gezeigten Daten einzugeben.

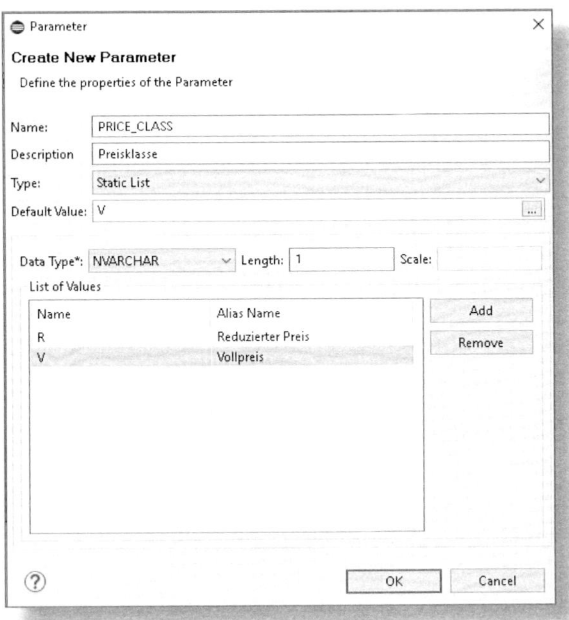

Abbildung 3.10: Parameter der Entscheidungsklasse

15. Klicken Sie auf den Button OK.

16. Dieser Parameter soll das Ergebnis unserer Regel sein. Definieren Sie ihn als Aktion, indem Sie ihn im Bereich OUTPUT markieren und im Kontextmenü ADD AS ACTIONS auswählen.

Sie sollten jetzt die Struktur Ihrer Entscheidungstabelle wie in Abbildung 3.11 sehen.

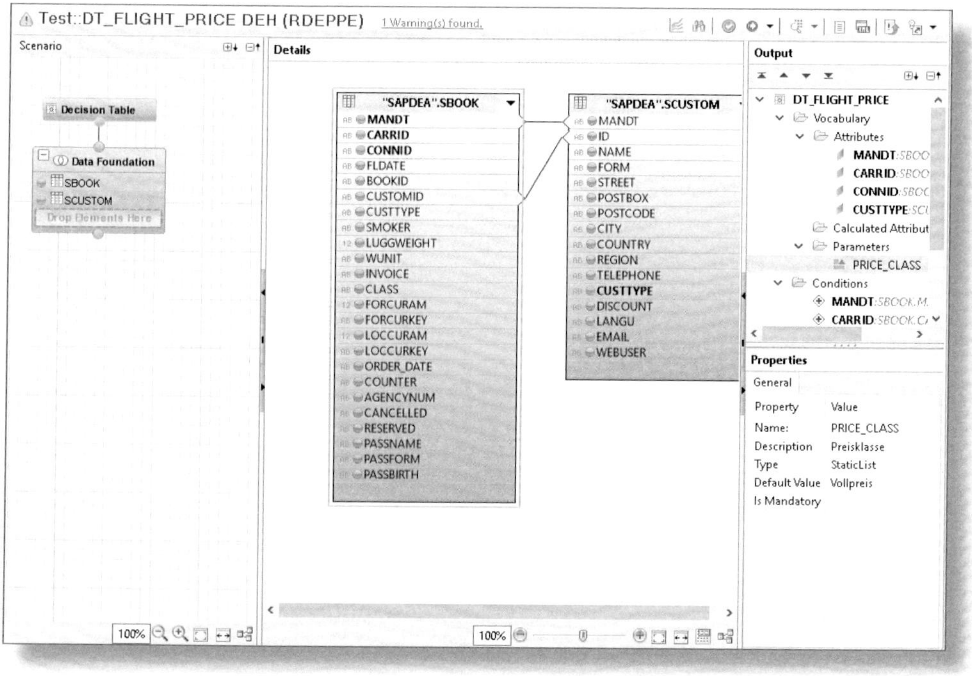

Abbildung 3.11: Struktur der Entscheidungstabelle

Nachdem Sie die Attribute der Entscheidungstabelle definiert haben, können Sie nun die Regeln anlegen.

17. Markieren Sie dafür den Knoten DECISION TABLE. Sie sehen daraufhin den Bereich DETAILS (siehe Abbildung 3.12).

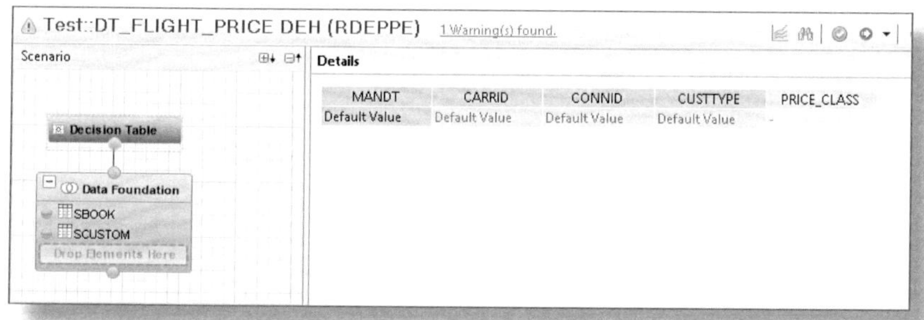

Abbildung 3.12: Details der Entscheidungsregel

18. Setzen Sie die Maus im Bereich DETAILS auf ein Feld der Struktur, um die Bedingung dieses Feldes einzugeben. Wählen Sie im Kontextmenü ADD CONDITION VALUES.

Es öffnet sich ein Pop-up, wie Sie es in Abbildung 3.13 am Beispiel für das Feld MANDT sehen (verfahren Sie entsprechend auch für die anderen Felder).

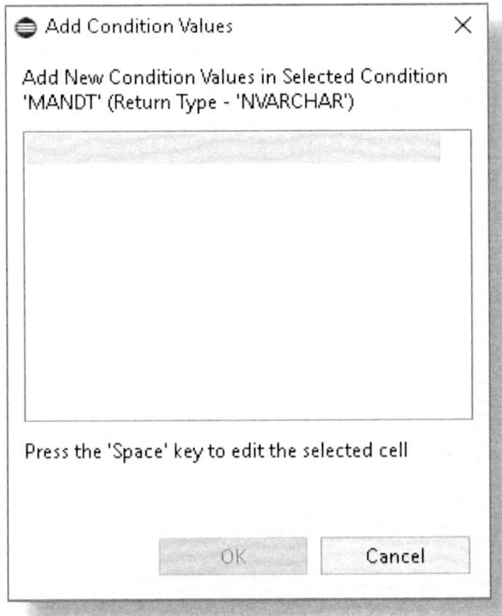

Abbildung 3.13: Bedingung der Entscheidungstabelle anlegen

Hier werden jetzt nacheinander die Werte für die Bedingung eingegeben. Dazu können Sie auch die Wertehilfe des Eingabefeldes nutzen.

19. Geben Sie nacheinander folgende Werte ein:

MANDT = 100
CARRID = LH
CONNID = 0400
CUSTTYPE = B
CUSTTYPE = P

Sie schließen die Eingabe für eine Bedingung ab, indem Sie auf den Button OK drücken.

20. Falls Sie Einträge im Bereich DEFAULT VALUES sehen, handelt es sich um Werte, die von der SAP vorbelegt wurden. Sie benötigen diese nicht und können sie löschen, indem Sie sie markieren und im Kontextmenü DELETE wählen.

21. Füllen Sie die Aktionsfelder, indem Sie die Maus auf das gewünschte Feld setzen und im Kontextmenü SET INITIAL VALUE für feste Werte oder SET DYNAMIC VALUE für berechnete Werte auswählen. Noch einfacher ist es, wenn Sie auf das Feld doppelklicken und dann einen der angezeigten Werte auswählen.

    Für unser Beispiel wählen wir durch Doppelklicken auf die Zeile mit CUSTTYPE = B die PRICE_CLASS *Reduzierter Preis* und für CUSTTYPE = P die PRICE_CLASS *Vollpreis*.

Die Frage, ob ein Bedingungsfeld gefüllt oder nicht gefüllt ist, können Sie erstellen, indem Sie im Bedingungsfeld `Like_*` für »Feld ist gefüllt« bzw. `Not Like_*` für die Bedingung »Feld ist leer« eingeben.

Ihre Regeltabelle müsste jetzt wie in Abbildung 3.14 aussehen.

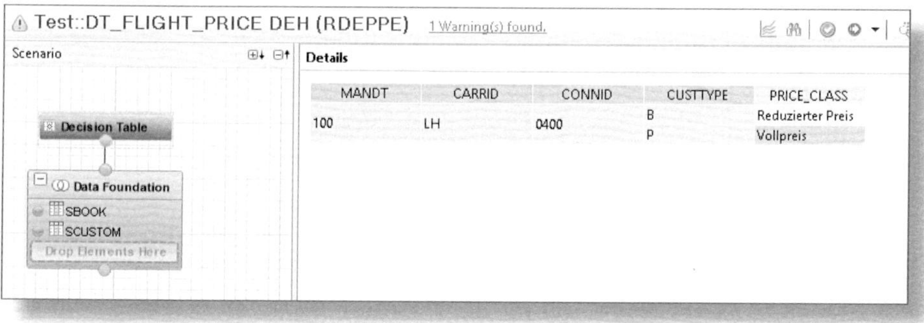

Abbildung 3.14: Regeltabelle der Entscheidungstabelle

22. Aktivieren Sie die Entscheidungstabelle über den Button .

Das Ergebnis der Entscheidungstabelle lässt sich in der Data Preview aufrufen.

Sie können die Regeln auch nach Microsoft Excel exportieren und von dort in Ihre Tabelle importieren indem Sie in der Ansicht Details im Kontextmenü Export Data to MS Excel bzw. Import Data from MS Excel auswählen.

Für die Werte Ihrer Bedingungen sind die in Tabelle 3.9 aufgeführten Ausdrücke möglich. Die Ausdrücke lassen sich auch mithilfe von `And` bzw. `Or` kombinieren.

Ausdruck	Unterstützte SQL-Datentypen	Beispiel
`Not equal (!=)`	beliebig	!= Lufthansa
`Greater Than (>)`, `Greater Than or Equals (>=)`, `Less Than (<)`, `Less Than or Equals (<=)`	Zeichenketten und numerische Typen	> 20
`Like, Not Like`	Zeichenketten	like Lufthansa
`Between`	numerische Typen	between 100 and 200
`After, Before, Between`	Datum (`DATE`)	before 2015-06-30, between 2015-06-30 and 2015-08-15

Tabelle 3.9: Ausdrücke für Bedingungen der Entscheidungstabelle

Wenn Sie ein Tabellenfeld »Datum« mit dem Datentyp DATS in einer Bedingung verwenden möchten, müssen Sie diesen Typ in den HANA-Datentyp DATE konvertieren. Überführen Sie dazu den Wert mithilfe der Konvertierungsfunktion `to_date( )` in ein berechnetes Attribut.

Auch numerische Werte, die sich in einem zeichenartigen Feld wie z. B. NUMC befinden, müssen zunächst in ein numerisches Feld konvertiert werden.

Bei der Aktivierung der Entscheidungstabelle entstehen mehrere Objekte im Datenbankkatalog Schema _SYS_BIC. Bei diesen Objekten handelt es sich um eine Datenbankprozedur, die die Regeln in

SQLScript implementiert, und die zugehörigen Tabellentypen. Wenn die Aktionen aus virtuellen Parametern bestehen, sie also nicht auf Datenbanken geschrieben sind, wird zudem ein *Result View* angelegt, in dem die Feldattribute, auch die Parameter, abgebildet sind. Es handelt sich dabei um einen Column View, der in Selektionen wie ein normaler View abgefragt werden kann. Der Name dieses Result Views besteht aus dem Paket, dem Namen der Entscheidungstabelle und dem Suffix RV, also etwa »`test/DT_FLIGHT_PRICE/RV`«.

3.2.2 Aufruf der Entscheidungstabellen aus ABAP

Der Aufruf einer Entscheidungstabelle aus ABAP heraus ist leider nicht direkt möglich und daher etwas umständlich. Sie müssen für den Result View einen Calculation View anlegen (siehe Abschnitt 2.6.3), der sich aus dem Result View rekrutiert. Die Felder des Result Views können dann als Outputparameter des Calculation Views definiert werden.

In Abschnitt 2.7.1 haben wir beschrieben, wie Sie aus ABAP heraus auf analytische Views, die in SAP HANA definiert wurden, zugreifen können. Ebenso bietet es sich an, für den Calculation View einen externen View anzulegen, der vom ABAP-Programm aus selektiert wird.

Anzeige der View-Ergebnisse in einem ALV

Nehmen wir an, Sie haben für den Calculation View den externen View ZEV_FLIGHT_PRICE angelegt, dann können Sie direkt ohne vorherige Selektion die Ergebnisliste in einem ALV Grid anzeigen lassen. Es handelt sich in Listing 3.17 um die objektorientierte Variante des ALV Grid, der die Selektion der Daten selbst übernimmt.

```
MODULE pbo OUTPUT.
  " ALV anlegen mit externem View als Datenbasis
  DATA(lo_alv_display) = cl_salv_gui_table_ida=>create(
       iv_table_name = 'ZEV_FLIGHT_PRICE'
       io_gui_container = NEW cl_gui_custom_container(
                              lv_container ) ).
```

```
  " Initiale Sortierung
  lo_alv_display->default_layout( )->set_sort_order(
                    VALUE #( ( field_name = 'DISCOUNT_NEW'
                               is_grouped = abap_false
                               descending = abap_true ) )
  ).
ENDMODULE.
```

Listing 3.17: Darstellung der Ergebnisse aus einer Entscheidungstabelle in einer ALV-Liste

3.3 Funktionsbibliotheken für SAP HANA

Die Geschäftsanwendungen in SAP werden immer umfangreicher. Im selben Maß steigen auch die Ansprüche, die an die Verarbeitung der Daten gestellt werden.

Um dem zu begegnen, hat die SAP seit SAP HANA SPS5 *Funktionsbibliotheken* (Application Function Libraries, AFL) zur Verfügung gestellt, die eine Vielzahl der Datenverarbeitungen übernehmen. Sie bieten einen hochoptimierten Zugriff auf Funktionen für fortgeschrittene Berechnungen und Datenanalyseszenarien. Dieses AFL-Paket teilt sich auf in:

- *Business Function Library* (BFL), mit einer Vielzahl komplexer Geschäftsfunktionen und wiederverwendbarer elementarer Funktionen sowie
- *Predictive Analysis Library* (PFL), die statische Funktionen für Mustererkennungen und Vorhersagen enthält.

Mithilfe einer CALL-Anweisung können Sie diese Funktionen in Ihre SQLScript-Programme einbinden. Die folgende AFL-Funktion berechnet einen Durchschnittswert, wobei die Werte aus der jüngeren Vergangenheit höher gewichtet werden als die aus der älteren Vergangenheit:

```
call _SYS_AFL.AFLBFL_LINEARAVERAGE_PROC(
                                :lt_data,:lt_avg );
```

AFL-Funktionen bieten den Vorteil, dass die analytischen Algorithmen direkt in der SAP-HANA-Datenbank (und nicht auf dem Applikationserver) ausgeführt werden. Dadurch profitieren Sie von der Geschwindigkeit und Leistungsfähigkeit der SAP-HANA-Datenbank.

Weitere Informationen bzgl. Funktionsbibliotheken

Funktionsbibliotheken sind ein mächtiges Werkzeug unter SAP HANA und wert, dazu ein eigenes Buch zu füllen. Für detailliertere Informationen geben Sie in der SAP-Hilfe unter *https://help.sap.com* den Suchbegriff »HANA AFL« ein.

Eine noch aus den Anfangsjahren von SAP HANA stammende Funktionsbibliothek verbirgt sich hinter den *CE-Funktionen*. Die folgende CE-Funktion fügt beispielweise die Spalten aus zwei Tabellen zu einer Tabelle zusammen:

```
et_utilization = CE_VERTICAL_UNION(
:lt_data, [ "YEAR", "VALUE" as "AVERAGE"],
:lt_avg, [ "AVERAGED_RESULT" as "LINEAR_AVERAGE"]);
```

CE-Funktionen sollten heute aber nicht mehr verwendet werden.

4 Zusammenfassung

Nun dürfte es Ihnen nicht mehr schwerfallen, bei Ihren täglichen Programmieraufgaben (auch) mit SAP HANA zu arbeiten. Als Einsteiger in diese Entwicklungsplattform der SAP werden Sie sich nach Bearbeitung aller Übungsprogramme hoffentlich sicherer in diesem ungewohnten Umfeld bewegen, während Fortgeschrittene gut gerüstet sein sollten, um mit den neuen Features, die die SAP in ihre Programmierung implementiert hat, umgehen zu können.

Wir hoffen, wir konnten Ihnen anhand der zahlreichen praktischen Beispiele zeigen, dass für Programmierer der Umgang mit SAP HANA gar nicht so schwierig ist. Wir wünschen Ihnen zukünftig viel Spaß damit!

Sie haben das Buch gelesen und sind mit unserem Werk zufrieden? Bitte schreiben Sie uns eine Rezension!

Unser Newsletter

Bleiben Sie stets informiert!

Aktuelle Neuerscheinungen und exklusive Rabattaktionen einmal im Monat per Mail direkt an Sie:

Melden Sie sich noch heute an unter *http://newsletter.espresso-tutorials.de*.

A Die Autoren

Rüdiger Deppe hat Informatik an der Fernuniversität Hagen studiert. Seit etwa 20 Jahren befasst er sich als Freiberufler mit Softwareentwicklung in SAP ABAP bzw. ABAP OO und hat in dieser Zeit mehrere umfangreiche Projekte bei diversen Großunternehmen sowie der SAP SE durchgeführt. Dabei war er in den unterschiedlichsten Branchen, wie etwa der Logistik-, Telekommunikations- und Bankenbranche mit der Umstellung der SAP-Software auf die modernsten Standards betraut.

Außerdem ist Rüdiger Deppe Mitglied im SAP-Arbeitskreis Nord und als ABAP-/ABAP-OO-Dozent für diverse SAP-Bildungsträger tätig.

Viktor Laufer studierte Wirtschaftsinformatik und absolvierte nebenberuflich den Master of Science an der Carl von Ossietzky Universität in Oldenburg. In über elf Jahren Berufserfahrung hat er erfolgreich an diversen Projekten in der Medienbranche und Industrie mitgewirkt und ist seit 2021 freiberuflich tätig.

Er programmiert in ABAP und ABAP OO und hält Schulungen in diesem Bereich.

B Index

A

ABAP CDS 147, 181
ABAP Database Connectivity 67
ABAP Development Tools 25
ABAP Development Tools for SAP Netweaver 17
ABAP Managed Database Procedure Framework. siehe AMDP
ABAP-Schema. siehe Systemschema
ABAP SQL 16
Accelerator 16
ADBC 74, 130, 133, 140, 199. siehe ABAP Database Connectivity
ALV with IDA. siehe SAP List Viewer with Integrated Data Access
AMDP 183
Analytic View 107
analytischer View 97, 129
Annotation 173
Assoziation 155
Attribute View 98
Attributvektor 14

B

benutzerdefinierte Funktion 96
Berechtigung 125
Berechtigungsprüfung 84
Berechtigungsrolle 34, 47
Breakpoint 46

C

Calculation View 119
Catalog 53
CDS. siehe Core Data Service
CDS-View 147
Code Pushdown 15, 77, 161
Code-to-Data-Paradigma 15
Column Store 12, 13
CONTAINS 201
Content 61
Core Data Service 147

D

Database Procedure Proxy 139
Data-to-Code-Paradigma 15
datenbankabhängige Programmierung 16
Datenbankindex 67
Datenbankprozedur 79
  ABAP 183
  HANA 81
Datenbankschema 55
DDL Source 148
Delivery Unit 63, 142
Delta-Komprimierung 14
Dictionary-Vektor 14
Dimensionstabelle 108

E

Eclipse 17, 18, 19
  Code-Vervollständigungen 45
Entscheidungstabelle 216
externer View 131

F

Faktentabelle 108
Fallback-Klasse 188
Fuzzy Search Index 200
Fuzzy-Suche 191, 192

H

HANA CDS 180
HANA-Transportcontainer 144
Hierarchie 105
    gelevelte Hierarchie 105
    Vater-Kind-Beziehung 105

I

Indexserver 15
In-Memory Database 11
Inner Join 76

K

Kalkulationslogik 15
Kardinalität 156

L

Left Outer Join 76, 158
linguistische Suche 191, 193

N

Native SQL 16, 60, 65, 67, 72, 74, 75, 77, 79, 129, 130, 133, 139, 193, 214

O

Orchestrierungslogik 15

P

Partitionierung 15
Perspektive 32
Projekt 34
Public Synonyms 61

R

Read Only Procedure 81
Read Write Procedure 81
Referential Join 99
Right Outer Join 76
Row Store 12

S

SAP HANA Repository 63
SAP HANA Studio 17, 18, 47
SAP List Viewer with Integrated Data Access 179
Schattenspalte 193
Schema-Mapping 144
sekundäre Datenbank 73
sekundäre Datenbankverbindung. siehe sekundäre Datenbank
skalare Variable 86
SQL-Konsole 60, 82
SQLScript 16, 18, 62, 65, 79, 80, 84, 89, 96, 119, 124, 129, 184, 186, 214, 225, 226
SQL-View 148
Stoppwörter 205
Stored Procedure. Siehe Datenbankprozedur
Synonymsuche 191, 207
Systemschema 55

T

Tabellentyp 83
temporäre Tabelle 135
Text Analysis 200
Text Join 99
Textsuche 214
Trace 131
Transaktion
  DBACOCKPIT 73

V

Volltextindex 193

W

Wertehilfe 214

C Disclaimer

Die in diesem Werk wiedergegebenen Gebrauchsnamen, Handelsnamen, Warenbezeichnungen usw. können auch ohne besondere Kennzeichnung Marken sein und als solche den gesetzlichen Bestimmungen unterliegen. Sämtliche in diesem Werk abgedruckten Bildschirmabzüge unterliegen dem Urheberrecht der SAP SE, Dietmar-Hopp-Allee 16, 69190 Walldorf.

In dieser Publikation wird auf Produkte der SAP SE Bezug genommen. SAP, R/3, SAP NetWeaver, Duet, PartnerEdge, ByDesign, SAP BusinessObjects Explorer, StreamWork und weitere im Text erwähnte SAP-Produkte und -Dienstleistungen sowie die entsprechenden Logos sind Marken oder eingetragene Marken der SAP SE in Deutschland und anderen Ländern. Business Objects und das Business-Objects-Logo, BusinessObjects, Crystal Reports, Crystal Decisions, Web Intelligence, Xcelsius und andere im Text erwähnte Business-Objects-Produkte und -Dienstleistungen sowie die entsprechenden Logos sind Marken oder eingetragene Marken der Business Objects Software Ltd. Business Objects ist ein Unternehmen der SAP SE. Sybase und Adaptive Server, iAnywhere, Sybase 365, SQL Anywhere und weitere im Text erwähnte Sybase-Produkte und -Dienstleistungen sowie die entsprechenden Logos sind Marken oder eingetragene Marken der Sybase Inc. Sybase ist ein Unternehmen der SAP SE. Alle anderen Namen von Produkten und Dienstleistungen sind Marken der jeweiligen Firmen. Die Angaben im Text sind unverbindlich und dienen lediglich zu Informationszwecken. Produkte können länderspezifische Unterschiede aufweisen.

Der SAP-Konzern übernimmt keinerlei Haftung oder Garantie für Fehler oder Unvollständigkeiten in dieser Publikation. Der SAP-Konzern steht lediglich für SAP-Produkte und -Dienstleistungen nach der Maßgabe ein, die in der Vereinbarung über die jeweiligen Produkte und Dienstleistungen ausdrücklich geregelt ist. Aus den in dieser Publikation enthaltenen Informationen ergibt sich keine weiterführende Haftung.

Weitere Bücher von Espresso Tutorials

Sebastian Abshoff:

Mobile Apps mit den SAP® Cloud Platform Mobile Services

- Einrichtung der SAP Cloud Platform Mobile Services
- Micro-Apps mit SAP Mobile Cards
- Apps für iOS/Android mit SAP Cloud Platform SDK und SAP Mobile Development Kit
- Online- und Offline-OData

http://5345.espresso-tutorials.de

Dr. Boris Rubarth:

Schnittstellenprogrammierung in SAP® ABAP

- Überblick über klassische SAP-ABAP-Schnittstellentechniken
- Remote Function Call (RFC) und BAPIs
- IDoc und ALE für System-System-Kommunikation
- Einsatz von Remote Function Module (RFM) und BAPIs in SAP S/4HANA

http://5361.espresso-tutorials.de

Tobias Steckenborn:

Schnelleinstieg in SAP® Cloud Platform Workflow

- Optimierung des Geschäftsprozessmanagements mit SAP
- Modellierung von Geschäftsprozessen mit BPMN
- Gestaltung von Workflows auf SAP Cloud Platform
- Erstellung von Oberflächen zur Bearbeitung von Aktivitäten eines Workflows

http://5427.espresso-tutorials.de

Jörg Böke:

Schnelleinstieg in SQLScript für SAP HANA®

- Einführung in SAP HANA SQLScript
- Anwendungsbeispiele von SQLScript in Prozeduren, Funktionen und BW/4HANA
- SQLScript in ABAP Core Data Services (CDS) für Reportingzwecke
- Tipps und Tricks für den performanten Einsatz von SQLScript

http://5519.espresso-tutorials.de

Mit SAP S/4HANA brach für das Enterprise Resource Planning ein neues Zeitalter an. Neben der deutlich gesteigerten Performance und Reintegration von Geschäftsbereichen hat die Einführung der In-Memory-Datenbank SAP HANA auch die ABAP-Programmierung modernisiert.

Die zweite Auflage dieses Buchs berücksichtigt die noch einmal deutlich verbesserte SAP-HANA-Unterstützung und zeigt, was die damit einhergehenden Änderungen für Sie als Entwickler bedeuten. Es führt Sie in den Aufbau und Umgang mit der Entwicklungsumgebung Eclipse inklusive ABAP Development Tools (ADT) ein. Sie lernen SQLScript kennen und erfahren, wann Sie bevorzugt Native SQL statt ABAP SQL für das Programmieren von Datenbankprozeduren einsetzen. Die Autoren stellen Ihnen darüber hinaus die veränderte View-Modellierung im SAP HANA Studio vor und erläutern, wie SAP-HANA-Anwendungen in das Produktivsystem transportiert werden.

Anhand ausführlicher Übungsprogramme zu einem durchgängigen Beispiel finden Anfänger einen leichten Einstieg in die SAP-HANA-Programmierung. Fortgeschrittene erhalten zudem viele neue Anregungen, etwa, wie ABAP-Code untersucht und Laufzeitaspekte überwacht und analysiert werden können.

Rüdiger Deppe befasst sich als Freiberufler seit gut 20 Jahren mit Softwareentwicklung in SAP ABAP bzw. ABAP OO und hat umfangreiche Projekte bei diversen Großunternehmen sowie der SAP SE durchgeführt.

Viktor Laufer hat einen Master in Wirtschaftsinformatik und wirkt seit 2010 erfolgreich an diversen Projekten in der Medienbranche und Industrie mit. Er ist seit 2020 selbstständig, programmiert in ABAP sowie ABAP OO und hält Schulungen in diesem Bereich.

ISBN: 9783945170571

29,95 €